★★★ 全国财经职业学校会计专业核心

主　审 张文光 夏祥霖 任延东
主　编 郭慧峰 赵　雯
副主编 杭志荣 王晓敏 袁春梅

兰州大学出版社

CAIWU GUANLI

财务管理

zhongdengzhiyejiaoyu

图书在版编目(CIP)数据

财务管理／郭慧峰，赵雯主编．—兰州：兰州大学出版社，2014．5（2017．7重印）

ISBN 978-7-311-04467-1

Ⅰ．①财… Ⅱ．①郭… ②赵… Ⅲ．①财务管理 Ⅳ．①F275

中国版本图书馆CIP数据核字（2014）第111443号

责任编辑 李 丽
封面设计 张友乾

书　　名 财务管理
主　　编 郭慧峰 赵 雯
出版发行 兰州大学出版社 （地址：兰州市天水南路222号 730000）
电　　话 0931-8912613（总编办公室） 0931-8617156（营销中心）
　　　　 0931-8914298（读者服务部）
网　　址 http://www.onbook.com.cn
电子信箱 press@lzu.edu.cn
印　　刷 虎彩印艺股份有限公司
开　　本 787 mm×1092 mm 1/16
印　　张 8.5
字　　数 180千
版　　次 2014年7月第1版
印　　次 2017年7月第2次印刷
书　　号 ISBN 978-7-311-04467-1
定　　价 28.00元

序

随着我国教育改革的不断深化，尤其是社会与经济高速发展的今天，由于新经济环境下对人才需求层次多样化的客观要求，使得我国的职业教育得到了迅速的发展。职业教育经历了由专业教育向职业教育的转化，其办学模式、培养目标、人才模式等也都发生了相应变化，而人才培养模式的转换必须通过教学内容和教学方式等途径来实现。因此，作为教学内容载体的教材建设，其定位的基础必须是职业教育培养目标。

职业教育培养目标是使受教育者成为具备某一职业和工作岗位所需要的职业基础知识和技术能力，以及德、智、体全面发展的中初级应用型、技术型人才。对照这一培养目标，立足"以就业为目标，以市场为导向，以服务为宗旨"的出发点，考虑到目前职业教育对象的素质特征，我们目前所使用的教材，大多数仍是按照过去中职或高职培养专业人才的结构和体系，过于追求学科体系的系统性和完整性，职业教育特点不突出，滞后于时代的发展、市场的需求。

基于对上述客观要求的理性思考，职业学校的教学应更加符合市场对人才的要求，以"实用、适用、够用、可教"为原则，根据就业岗位的工作思路，从通识、原理、职能到方法，使学生易于理解、掌握和实践，即"能力目标—技能训练—学生主体"，培养出有能力、有技术、有责任的学生，实现专业教学与学生就业岗位零距离的目标。

一套有强大生命力的教材，应该以满足读者的需要为宗旨，不断适应环境的变化。本系列教材、实训教程及习题，是在吸收财会理论界近年来所取得的一些理论成果的基础上，借鉴了同类教材的先进经验，组织了长期在教学一线工作并有着丰富教学经验的教师编写而成，是职业教育课程教学改革的重要成果。本系列教材汇集了几代学人的智慧结晶，教材中所列的教学案例，阐述的观点方法，既是教研成果，又是实践积累，并经过实践证实具有明显的教学效果。

教材编写是一项复杂而又细致的工作，我们仍需要不断探索、不断总结、不断完善。由于时间仓促、水平有限，教材中难免存在疏漏甚至错误，尚祈赐教，同时对各位作者和出版社的辛勤劳动深表谢意。

成果的展示，是“智慧之晶”的丰收，更是开启“思想之光”的新开端，未有穷尽，我们将不断努力，勇于拼搏，为职业教育的发展做出贡献！

2013年12月

序文作者张文光为中国注册会计师、高级审计师、包头财经信息职业学校校长。

前　言

随着我国经济的高速发展，中职会计教育的结构及内容发生了深刻的变化，其办学模式、培养目标和教育对象也都发生了相应变化。中职教育的主要目标是培养社会需求的，就业时“不需再培训就能直接上岗操作”的会计技能型人才；而传统教材，大多偏重理论，职业技能特点不突出，应用性不能与实际很好对接，不符合中职生的认知特点。为此，我们组织具有丰富教学经验的教师，从“技能性教学”入手，结合新会计准则的精要，同时考虑了中职会计教育对口用人单位的需求，编写了这套会计系列教材。

《财务管理》教材是我们结合多年会计教学经验，按照中职教育的目标定位，在充分考虑了中职学生素质特征的基础上编写的。主要具有如下特点：

1.文字精练，通俗易懂；

2.内容简单，重点突出；

3.淡化理论，注重基础，强化实践；

4.突出案例教学，开拓学生视野。

本书配套有《财务管理习题集》，习题类型多，内容全面，由浅入深。供学生练习使用，巩固所学知识。

本书由郭慧峰总纂，本书分为9章。第1章和第5章由郭慧峰编写，第2章和第4章由王晓敏编写，第3章和第6章由赵雯编写，第7章由张婷编写，第8章由杭志荣编写，第9章由袁春梅编写。

在本书的编制过程中，我们得到了张文光、夏祥霖、杭志荣等领导的大力支持和帮助，采纳了他们提出的宝贵意见，在此表示感谢。

由于编者水平有限，疏漏和不足之处在所难免，恳请专家和读者批评指正。

编者

2013年12月

目　　录

第一章　财务管理总论 …… 001

第一节　财务管理的概念及内容 …… 001
第二节　财务管理的目标 …… 004
第三节　财务管理的原则 …… 005
第四节　财务管理的基本环节 …… 006
第五节　财务管理的环境 …… 007

第二章　资金时间价值与收益风险 …… 012

第一节　资金时间价值 …… 012
第二节　收益与风险 …… 017

第三章　筹资管理 …… 023

第一节　筹资管理概述 …… 023
第二节　资金需要量预测 …… 026
第三节　资金成本 …… 032

第四章　流动资产管理 …… 038

第一节　流动资产管理概述 …… 038
第二节　现金管理 …… 039
第三节　应收账款管理 …… 046
第四节　存货管理 …… 050

第五章　投资管理 …… 057

第一节　投资概述 …… 057
第二节　项目投资 …… 060
第三节　证券投资 …… 065

第六章　收入管理 …… 070

第一节　收入概述 …… 070
第二节　销售收入的预测 …… 072
第三节　销售收入的日常管理 …… 075

第七章　利润管理 …… 079

第一节　利润管理概述 …… 079
第二节　利润分配 …… 083

第八章　财务预算 …… 091

第一节　财务预算概述 …… 091
第二节　现金预算编制 …… 095

第九章　财务分析 …… 103

第一节　财务分析方法 …… 103
第二节　常用财务指标分析 …… 106
第三节　财务综合分析 …… 114

附表一　复利终值系数表 …… 120
附表二　复利现值系数表 …… 122
附表三　年金终值系数表 …… 124
附表四　年金现值系数表 …… 126

第一章 财务管理总论

【学习内容及目的】

本章主要介绍企业经营过程中的资金运动及所体现的财务关系。主要包括财务管理的内容;财务管理的基本环节;财务管理的目标及理财环境。通过本章的学习,要掌握财务管理的概念、内容、基本环节,了解财务管理的目标及理财环境,树立理财观念,为以后各章学习打下理论基础。

第一节 财务管理的概念及内容

财务管理是商品经济条件下企业最基本的管理活动。特别是现代市场经济社会中,企业生产经营规模不断扩大,经济关系日趋复杂,竞争也日益激烈,财务管理更成为企业生存和发展的重要环节。市场经济越发展,财务管理越重要。

一、财务管理的概念

(一)企业财务管理的含义

企业是从事生产、流通或服务活动,以营利为目的并实行独立核算的经济组织。其特征是:拥有一定数额的资本金,在银行开设独立账户,按规定进行登记,经批准独立从事生产经营活动,其经营活动的出发点是以营利为目的。

企业要盈利,就要进行生产经营活动。要组织生产经营活动,就必须拥有劳动者、生产设备、原材料和信息等生产经营要素。在这个过程中,一方面是生产要素实物形态的运动。通过供应、生产和销售三个过程,从事物质生产和服务等经营活动,生产出社会需要的产品。另一方面是生产要素价值形态的运动。随着生产要素实物形态的运动,其价值形态也在不停地、形影不离地运动着,进而形成有规律的循环和周转。在循环一个周期后,最后收回的价值要大于先期投入的价值,最终形成人们所追求的盈利。在管理中,人们把在企业生产经营过程中各项生产要素的价值称为"资金"。生产要素价值伴随着生产经营的实物运动而运动,这个运动过程也就是资金的运动过程。

企业的资金运动不是简单的价值数额运动,它的背后包含着复杂的经济关系。资金运动所体现的各种关系,称为财务关系。企业生产经营过程中的资金运动及所体现的财务关系,就是企业财务。

企业财务管理是组织资金运动、处理财务关系的一项综合性的经济管理工作,是企业管理的重要组成部分。

(二)企业资金运动

企业进行生产经营活动,就必须购置一定数量的机器设备、工具用品以及原材料等生产资料,还应有一部分可支配的钱,这些财产物资价值的货币表现,就是企业的资金。企业并不是只进行一个生产经营过程就结束了,而是在持续经营的前提下长期存在的,其生产经营活动是连续不断地进行着,形成资金的循环。

资金循环的第一阶段是供应阶段。在这一过程中,企业要将筹集到的资金用于兴建厂房,购买机器设备,购买原材料,招募生产和工程技术人员及管理人员,建立起各种储备。这样,企业的一部分货币资金转化成了固定资金和储备资金实物形态。

资金循环的第二阶段是生产阶段。在这一过程中,企业的生产者用机器设备把原材料加工成产品或直接提供劳务,并且在这一过程将发生固定资产磨损、原材料和工人及管理人员工资等耗费。这部分耗费将转移到产品中去,形成生产成本。同时,在这一过程中,劳动者还会创造出新的价值。这部分价值隐含在产成品价值中,待产成品通过销售阶段销售后,才能实现这部分新创造的价值。这个过程中所发生的各种消耗,先转化为未完工的在产品资金,随着产品制造完成,在产品资金又转化为成品资金。

资金循环的第三阶段是销售阶段。在这个阶段,企业把产品销售出去,把劳务提供给购买者,并取得营业收入,产成品资金又转化成货币资金。这一阶段实现的货币资金数额要大于供应阶段和生产阶段投入的金额。这部分金额扣除生产过程的各种耗费后,余下部分就形成了企业的盈利。

以上可以看出一个现象,在企业的生产经营活动中,流动资金是从货币形态开始运动的,经过储备资金、生产资金、产品资金依次转换后,最后又回到货币形态,但是这个货币形态是增大了的货币形态。这就是企业资金运动。

(三)企业的财务关系

企业在生产经营中,将会与企业内外、社会各方面发生密切的经济联系,并要处理好与有关各方的经济利益关系,这样就形成了企业财务关系。企业财务关系主要有以下几方面。

1.企业与投资者和受资者之间的财务关系

企业从国家财政、其他企事业单位、居民个人以及国外投资者手中筹集资金,成为受资者,并将所实现的盈利按一定比例向投资者分配,作为给投资者的报酬,形成了受资者与投资者的关系。同时,企业还可将自身的财产向外单位投资,外单位作为受资者,应按合同规定向本企业分配盈利,这又构成投资者与受资者的财务关系。其核心内容是投入企业的资本金多少,承担多少经济责任,享有多少经济利益。

2.企业与债权人、债务人之间的财务关系

企业与债权人的关系是指企业向债权人借入资金，并按借款合同的规定按时支付利息和归还本金所形成的经济关系。企业的债权人主要有本企业发行的公司债券的持有人、贷款机构、商业信用提供者、其他出借资金给企业的单位和个人。企业利用债权人的资金,要按约定的利息率,及时向债权人支付利息;债务到期时,要合理调度资金,按时向债权人归还本金。企业与债务人的关系是指企业将其资金以购买债券、提供借款或商业信用等形式出借给其他单位形成的经济关系。企业将资金借出后,有权要求其债务人按约定的条件支付利息和归还本金。

3.企业与政府之间的财务关系

企业与政府之间的财务关系主要是企业同财税部门的税收征纳关系，它主要体现为企业应按税法规定缴纳各种税款。税金是国家以社会管理者的身份向企业征收的,构成了国家财政收入的主要来源。依法纳税是企业应尽的义务,企业必须按期足额缴纳。

4.企业内部各单位之间的财务关系

企业内部各单位之间的财务关系主要是指内部供、产、销各单位与财务部门之间进行计价结算以及各单位之间相互提供产品和劳务进行计价结算。这样就形成了企业财务部门同内部各单位之间计价结算和各单位内部之间计价结算的财务关系。处理这种财务关系,财务部门应该注意划清有关各方的经济责任,积极调动全员参与理财的积极性,营建一个良好的理财环境。

5.企业与职工之间的财务关系

企业与职工之间的财务关系主要体现在职工为企业提供劳动，企业应按照职工的劳动数量和质量,用收入向职工支付工资、奖金等劳动报酬。企业应按照劳动法的要求,正确地执行国家的分配政策,处理与内部职工的财务关系,并积极调动企业职工创造财富和节约的热情,使企业同职工之间建立一种和谐友好的财务关系。

6.企业相互之间的财务关系

企业相互之间的财务关系是指企业之间由于相互提供产品和劳务，按照等价交换的原则,以货币资金收付货款而发生的资金结算关系。此外,企业之间还会因固定资产租赁而发生资金融通关系。在处理以上的资金结算和资金融通关系中,企业应注意体现市场经济条件下的公平竞争和相互协作及信用关系,使企业之间构成相互信任、相互合作的财务关系。

二、财务管理的内容

(一)筹资管理

筹资是指企业为了满足生产经营活动对资金的需要,以一定的方式筹措资金的过程。它是企业生产经营活动的前提。企业可以通过发行股票等方式吸收各方投资,从投资者那里取得自有资金,也可以通过向银行借款、发行债券或以应付款项等方式取得借入资金。筹资过程中,要考虑企业需要筹集多少资金、向谁筹集、什么时候筹集、资金成本是多少等,既要确定权益资金和借入资金的总额,又要确定合理的资本结构。

(二)投资管理

投资管理是企业将筹集的资金投入使用过程的管理，包括企业内部使用资金的过程和对外投放资金的过程。企业取得资金后,一部分投入内部使用,主要是购买机器设备和原材料、辅助材料,建造厂房,支付工资或奖金等,形成企业的生产能力。为了获得更大的利益或充分利用剩余资金,企业还可以用现金、实物或无形资产等形式向外单位投资,形成企业对外短期投资或长期投资。

(三)利润及分配管理

企业将生产经营过程中所生产的产品销售出去或提供劳务,就会取得销售收入。企业的收入补偿了产品成本等生产耗费后,形成企业的利润。企业的生产经营活动,一方面要考虑如何实现利润,以及如何使利润最大化;另一方面要根据合理合法的分配政策,正确处理好国家、企业和投资人的关系,即利润分配关系。

第二节 财务管理的目标

一、企业财务管理的总目标

企业财务管理的总目标又称理财目标,是指企业进行财务活动所要达到的根本目的。对现代企业来说,企业生存并发展的主要目标就是企业价值的最大化;从财务角度来看,实现企业价值的最大化就是财务管理的目标。

所谓企业价值,是指在一定时间内企业全部资产的市场价值。所谓最大化,是指在一定时间内,通过企业的精心管理,运用最佳的财务决策,在充分考虑风险和时间价值的前提下,使企业全部资产的市场价值达到最高。对于股份制企业,价值最大化也称股东财富最大化。企业价值是通过市场评价确定的。企业价值最大化的财务管理目标既考虑了时间价值及报酬和风险的关系,又考虑了企业各阶层的利益。为实现企业价值最大化的目标,财务管理过程的各环节都要制定具体目标。

二、企业财务管理的具体目标

(一)筹资管理目标

财务人员在筹资中应力争以较低的筹资成本和较小的筹资风险,获取较多的资金。较低的筹资成本是指在筹资中尽量降低筹资过程中的各种费用,尽可能使利息、股利等资金付出降低，以增加企业的总价值。筹资风险是指到期不能偿债而面临的被兼并或破产方面的风险。企业要降低筹资风险,使企业价值相对增加。

(二)投资管理目标

企业在投资任何一个项目时,应力争以较小的投资额与较低的投资风险,获取较高的投资收益。为达到这一目标,首先,要力图使投资收益最大化。企业投资报酬越多,企业的整体获利能力就越高。其次,企业在争取获得高投资收益的同时,必须降低投资风险,使企业价值相对增加。

(三)分配管理目标

企业分配管理的目标就是合理确定税后利润的分留比例及分配形式, 以提高企业潜在的收益能力,从而提高企业的总价值。利润分配是将企业取得的利润在企业与相关利益主体之间进行分割,这种分割不仅涉及各利益主体的经济利益,而且涉及企业的现金流出量。所以,企业必须选择适当的分配标准和分配方式,才能提高企业的即期市场价值和企业财务的稳定性与安全性,使企业的未来收入或利润不断增加,使企业市场价值不断上升。

(四)资产管理目标

资产管理目标就是对企业拥有的全部各类资产在管理上达到安全、完整、高效的目标,使企业的总价值有可靠的物资保证。

(五)承担社会责任

企业承担的社会责任包括保护消费者利益的责任、合法雇工的责任、保护环境的责任。企业在财务管理活动中必须考虑这些社会责任,只有履行了法律规定的社会责任,才能实现企业价值最大化。

第三节　财务管理的原则

财务管理的原则是企业组织财务活动、处理财务关系的准则,是对财务管理的基本要求。财务管理有以下原则。

一、资金合理配置原则

企业财务管理是对企业全部资金的管理, 而资金运用的结果则形成企业各种各样的物质资源。各种物质资源要有一定的合理比例关系,即资金的合理配置。通过资金活动的组织和调节来保证各项物质资源具有最优的结构比例关系。

二、收支平衡原则

在财务管理中,不仅要保持各种资金存量的协调平衡,而且要经常关注资金流量的协调平衡。在一定时期内,资金收入不敷支出时,应及时采取办理借款、发行短期债券等方式融通资金;当资金收入比较充裕时,则可适当归还债务,进行短期债券投资。总之,既要量入为出,根据现有的财力安排各项开支;又要量出为入,对于关键性的生产经营支出要开辟财源积极予以支持。只有这样,才能取得理想的经济效益。

三、成本效益原则

在企业财务管理中,既要关心资金的存量和流量,更要关心资金的增量。企业资金的增量是由营业利润或投资收益形成的。成本效益原则,就是要对经济活动中的费用与收入进行分析比较,对经济行为的得失进行衡量,使成本与收益得到最优结合,以获取最多的盈利。

四、收益风险均衡原则

财务活动中的风险是指获得预期财务成果的不确定性。企业要想获得收益,就不能回避风险,可以说风险中包含收益,挑战中存在机遇。风险收益均衡原则,要求企业不能只顾追求收益,不考虑发生损失的可能;要求企业进行财务管理时,必须对每一项具体的财务活动,全面分析其收益性和安全性,按照风险和收益适当均衡的要求来决定采取何种行动方案,获取较多的收益。

第四节　财务管理的基本环节

财务管理环节是指财务管理的工作步骤和一般程序,包括财务预测、财务决策、财务计划、财务控制、财务评价五个基本环节。这些环节相互配合,紧密联系,形成环环相扣、周而复始的财务管理的循环过程,构成完整的财务工作体系。

一、财务预测

财务预测是指在经过充分的调查、研究和分析的基础上,运用一定的方法对未来时期财务活动所做的分析和估算工作。它可以预计出未来时期财务活动可能发生的情况,避免盲目性,争取最优的财务管理业绩。财务预测的种类按时间划分,有长期预测、中期预测和短期预测;按内容划分,有资金预测、成本预测、投资预测、收入预测和财务成果预测等。预测的方法主要有定性法和定量法。定性预测是根据经验和各方意见对发展趋势所做的分析和判断,是粗放性和原则性的预测。定量预测是根据资料,运用数学方法和现代化计算手段,对未来所进行的预测,这种预测往往是较精确和详细的预测。实际工作中,二者可结合运用。

财务预测主要有以下步骤:(1)确定预测目标;(2)搜集相关资料;(3)确定预测方法;(4)建立预测模型。

二、财务决策

财务决策是指在财务目标的总体要求下,运用专门的方法,从各种备选方案中选出最佳方案。一般包括筹资决策、投资决策、成本决策和利润分配决策等。财务预测是财务决策的先导，财务决策是财务管理的核心。

财务决策主要有以下步骤：(1)确定决策目标；(2)提供备选方案；(3)选择最优方案。

三、财务计划

财务计划也可以称为财务预算，是运用科学的技术手段和数量方法，对未来财务活动的内容以及指标所进行的具体规划。主要工作是制定计划指标，拟定增产节约措施，协调各项计划指标。财务计划是在财务预测、财务决策的基础上编制的，是财务预测和财务决策的具体化，是企业进行财务控制的依据。

财务计划主要有以下步骤：(1)分析财务环境，确定计划指标；(2)协调财务能力，组织综合平衡；(3)选择预测方法，编制财务预算。

四、财务控制

财务控制是以预算任务和各项定额为依据，对各项财务收支进行日常的计算、审核和调节，将其控制在制度和预算规定的范围之内，发现偏差及时进行纠正，以保证实现预定的财务目标。

财务控制主要有以下步骤：(1)制定控制标准，分解落实责任；(2)实施追踪控制，及时调整误差；(3)分析执行差异，搞好考核奖惩。

五、财务评价

财务评价是根据有关信息资料，运用特定的方法，对企业财务活动过程及其结果进行分析和评价的一项工作。财务评价主要包括财务分析和财务检查两部分。财务分析是以会计、统计所提供的资料为出发点，对财务活动的过程和结果进行的调查、分析工作，以评价财务计划的完成情况，分析取得的成绩和产生问题的原因，以便总结过去并指导未来的财务工作。财务检查是一种监督性质的工作，主要是检查财务活动的合法性、合理性与有效性。

财务评价主要有以下步骤：(1)收集资料，掌握信息；(2)进行对比，做出评价；(3)分析原因，明确责任；(4)提出措施，改进工作。

第五节 财务管理的环境

财务管理环境又称理财环境，是指企业理财中涉及的各种影响企业财务活动的条件和因素。理财环境是企业财务管理赖以生存的客观条件，企业财务只有在这些条件的作用下才能实现自身的管理活动。企业作为社会经济的组成细胞，影响其理财环境的外在因素很多，主要有经济环境、法律环境和金融环境。

一、财务管理的经济环境

财务管理的经济环境主要是指影响企业财务活动的外部经济条件，主要包括社会经济发展状况、经济政策等。

(一)社会经济发展状况

社会经济发展状况属于宏观经济范畴,对企业财务管理有重大影响。一般情况下,当经济发展形势好时,企业的投资就会相应增加。整个社会处于经济繁荣时期,企业的销售增加,财务上也需筹措更多的资金以扩大经营规模;当宏观经济衰退时,企业的销售下降,资金周转减慢,这时,为了维持生产、继续运营,企业也需调整相应的财务政策,保证企业简单再生产的顺利进行。企业财务人员应密切注意社会经济发展变化,及时调整财务政策,使企业生产经营得以顺利进行。

(二)经济政策

建立社会主义市场经济体制是我国经济体制改革的目标。为实现这一目标,我国正在进行财税体制、计划体制、经济体制、金融体制、外汇体制、社会保障制度等各项改革。金融体制改革的政策会影响企业投资的资金来源和预期收益；财税政策会影响企业的资金结构和投资项目的选择;价格政策会影响资金的投向和投资回收期。这就要求企业财务人员必须把握经济政策,更好地为企业的经营理财活动服务。

二、财务管理的法律环境

市场经济是以法律规范和市场规则为特征的经济制度。企业财务管理的法律环境是指企业生产经营活动所应遵循的各种法律、法规。企业的理财活动,无论是筹资、投资还是利润分配,都必须遵守有关的法律规范。在企业理财中,涉及的法律主要有以下几方面。

(一)企业组织法规

企业组织法规主要是指国家对企业组建、运行所制定的法规。主要有《公司法》《外资企业法》《中外合资经营企业法》《私营企业条例》《企业破产法》 等。企业的组织运行和理财活动,必须在以上法律的规范内进行。

【知识链接】

按组织形式不同,我国的企业可分为独资企业、合伙企业和公司。个人独资企业是指依法设立,由一个自然人投资,财产为投资人个人所有,投资人以其个人财产对公司债务承担无限责任的经营实体。合伙企业是依法设立,由各合伙人订立协议,共同出资,合伙经营,共享收益,共担风险,并对合伙企业债务承担无限连带责任的营利组织。公司是指依照公司法登记设立,以其全部法人财产,依法自主经营、自负盈亏的企业法人。公司享有由股东投资形成的全部法人财产权,依法享有民事权利,承担民事责任。

(二)税务法规

税务法规是指国家和地方权力机关制定的有关企业纳税的法规制度。与企业相关的税种主要有所得税类、流转税类、资源税类、财产税类、行为税类等。企业必须按税法的规定,向国家缴纳各种税金,不得违反税法,不得偷税漏税。理财过程中,财务人员必须精通税法,精确策划,合理纳税。

(三)财务法规

财务法规就是国家制定的企业财务、行业财务和其他经济法规,是企业进行财务活动、实施财务管理的基本规范。包括企业财务准则、企业财务制度、证券法规、结算法规、价格法规和合同法规等。财务人员要熟悉这些法规,使财务管理在守法的前提下实现财务目标。

三、金融环境

企业从事投资和经营活动总是需要资金,资金的取得,除自有资金外,主要从金融机构和金融市场取得。金融政策的变化必然影响企业的筹资、投资和资金运营活动,所以,金融环境是企业最为主要的理财环境之一。

(一)金融机构

1.银行业金融机构

银行业金融机构是指经营存款、放款、汇兑、储蓄等金融业务,承担信用中介的金融机构。我国银行除中央银行(中国人民银行)外,还包括各种商业银行和政策性银行。商业银行包括国有商业银行(如中国工商银行、中国农业银行、中国建设银行和中国银行)和其他商业银行(如交通银行、招商银行、光大银行等);国家政策性银行主要包括中国进出口银行、国家开发银行等。

【知识链接】

我国银行的内部基本结构是:(1)总行。负责本银行全国行政事务的管理,是一家银行的最高管理机构。(2)省分行。分行主要是在总行领导下,以省级为单位建立的负责全省所辖支行的业务统筹和行政管理的机构,一般情况下分行不对外办理业务,是行政事务管理单位。(3)市分行。市分行是在地级城市设立的分行,行使分行的职权。(4)县支行。支行主要是以县为单位,负责所辖地区网点的银行业务经营和管理的机构。(5)分理处。有的银行叫"办事处",主要负责办理对公业务的机构。(6)储蓄所。是银行的基层单位,主要负责办理居民个人相关业务。

2.其他金融机构

其他金融机构包括金融资产管理公司、信托投资公司、财务公司和金融租赁公司等。

(二)金融市场

金融市场是指资金供应者和资金需要者双方通过金融工具进行交易的场所,是实现货币借贷和资金融通、办理各种票据和进行有价证券交易活动的市场。金融市场可分为资金市场、外汇市场和黄金市场。与企业财务最为密切的是资金市场，一般分为短期和长期资金市场。短期资金市场也叫货币市场，是指融资期限在1年以内的资金交易活动。长期资金市场又称资本市场，是指融资期限在1年以上的资金交易活动，又分为长期借贷市场和长期证券市场。按市场职能的不同，长期证券市场又分为一级市场和二级市场。一级市场，是企业为筹集资金而发行新证券的市场，参加者主要是发行人和认购人。二级市场又称流通市场，是指通过证券交易所经营和交易现存证券的市场。

(三)利息率

利息率简称利率，是利息占本金的百分比指标。从资金的借贷关系看，利率是一定时期内运用资金资源的交易价格。资金作为一种特殊商品，以利率为价格标准的融通，实质上是资源通过利率实行的再分配。因此，利率在资金分配及企业财务决策中起着重要作用。

1.利率的分类

(1)按利率之间的变动关系，分为基准利率和套算利率。基准利率又称基本利率，是指在多种利率并存的条件下起决定作用的利率。基准利率变动，其他利率也相应变动。在我国，中国人民银行对商业银行的贷款利率就是基准利率。套算利率是指在基准利率确定后，各金融机构根据基准利率和借贷款项的特点而换算出的利率。

(2)按利率与市场资金供求情况的关系，分为固定利率和浮动利率。固定利率是指在借贷期内固定不变的利率。受通货膨胀的影响，实行固定利率会使债权人利益受到损害。浮动利率是指在借贷期内可以调整的利率。在通货膨胀条件下采用浮动利率，可使债权人减少损失。

(3)按利率形成机制不同，分为市场利率和法定利率。市场利率是指根据资金市场上的供求关系，随着市场而自由变动的利率。法定利率是指由政府金融管理部门或者中央银行确定的利率。

2.利率的计算

利率主要是由供给与需求来决定的。经济周期、通货膨胀、国家货币政策和财政政策、国际经济政治关系、国家利率管制程度等，对利率的变动均有不同程度的影响。一般情况下：

利率=纯利率+通货膨胀补偿率+风险收益率

纯利率是指没有风险和通货膨胀情况下的社会平均资金利润率；通货膨胀补偿率是指由于持续的通货膨胀会不断降低货币的实际购买力，为补偿其购买力损失而要求提高的利率；风险收益率是指债权人承担的各种风险而要求提高的利率。

【案例分析】

投资理财环境分析

近年来，随着我国经济的发展、人民生活水平的提高和金融资产的不断增加，投资理财已经上升为一种全民关注的社会热点话题。投资理财的目的是使财富保值、增值，能够抵御社会生活中的经济风险。由于银行存款、黄金、楼市和股市等投资品种日益增多，所需的专业知识也不尽相同，投资方法也很难完全掌握。

中国经济发展的大环境：中国经济增长的内在动力依然较强，经济仍具备实现平稳快速增长的有利条件。但也应看到，经济运行仍然面临许多困难因素，一些长期性的矛盾和问题还需要通过深层次的改革和调整来加以解决。我国经济增长的外部环境虽然有所改善，但目前仍面临失业率飙升、财政赤字剧增和消费不振等诸多挑战，经济刺激计划也将收缩或陆续退出，经济全面复苏将是一个曲折而漫长的过程。在国内，也面临着同样的问题：第一，国内消费市场拓展空间广阔，但难度增大。第二，稳定出口政策成效明显，但外贸形势不容乐观。第三，工业增长条件充足，但结构调整难度很大。第四，财政和金融环境良好，但通胀预期逐渐显现。通过以上分析，可以看到我国经济发展的大环境虽然在前进的道路上困难重重，但还是朝着一个良好的方向进行着。

俗话说：国富则民强。民间个人资本应顺应国家大经济环境的发展，投入市场，为自身带来更多的利益，所以，家庭的投资理财在我们的生活中已变得越来越重要。在我国，普通老百姓的理财通道一般有四种：银行存款、黄金市场、楼市和股市。银行存款、理财产品、债券的收益赶不上物价涨幅。有人说：既然投资是亏多赢少，那么乖乖地把钱存在银行总行了吧？可是，最近，事情变得不那么简单。国家统计局公布数据显示，如果市民拿1万元用于一年期存款，每年的收益跟物价相比还要缩水55元。存款已开始跑不赢CPI。一些固定收益类理财产品以及国债虽然一直受宠，但据了解，现在银行发行的固定收益类理财产品收益率普遍在3%左右，只是比银行存款利率稍微高一点，而未来CPI走高已经是很确定的事情。而且最重要的是，统计局公布的CPI增幅，远远低于我们普通老百姓在日常生活中所感受到的CPI增幅。黄金：盲目进入，风险过大。尤其今年以来，黄金价格波动很大。现在大部分市民买黄金喜欢买像金条这种现货黄金，而现货黄金，变现是个问题。房子：宏观调控之下不敢买。一般投资买房者，都有一套自己的房子，如果现在再买房子，那就要被认定为二套房，按照楼市调控政策，买二套房首付要4成以上，利率要上浮10%，而且还有限购令制约。最近又颁布二手房转让所得20%计征个人所得税政策。这样一来，意味着买房及卖房成本大大增加。在下一个十年，楼市投资需要谨慎。股票、基金：一路下跌难保本。股票、基金、投资性保险产品风险和收益并存。根据统计，今年以来，实现正收益的基金凤毛麟角。另外，股指期货的推出，对股票市场搏击的中小股民们是个不利消息，因为风险通过杠杆被放大了。所以，对于当前理财，应深度开发未来的投资机会。到底投资什么好呢？“与其跟风，不如坚持自己熟悉擅长的投资方式”。投资理财方式大体就这么几种，不应该频繁变化。资产投资需要组合，才能既有效益又避开风险。

案例思考：

1. 我国目前的理财环境如何？
2. 比较各种投资方式并分析其利弊。
3. 如果个人理财，你会选择哪种投资方式？

第二章 资金时间价值与风险收益

【学习内容及目的】

本章主要介绍了资金时间价值、资产风险和收益两部分内容。通过本章学习,学生应理解资金时间价值的含义及实质,掌握资金时间价值的计算,并理解资产风险和收益的内容。

第一节 资金时间价值

一、资金时间价值的含义

资金时间价值是指一定量的资金在不同时点上的价值量差额。即使不考虑通货膨胀因素,资金在不同时点上的价值也不一样。比如现在的一元钱和一年以后的一元钱是不相等的。某人现在将100元存入银行,年利率为10%,一年以后他将连本带利取出110元。110元中的10元是银行使用100元的资金而付给投资者的报酬。这种报酬就是资金的时间价值,即资金在周转过程中随着时间推移而发生的价值增值。

二、资金时间价值的本质

表面上看时间流逝就能获得报酬,但是资金所有者如果把资金闲置不用或者埋入地下保存是否能得到报酬呢?显然不能。马克思认为,货币只有当作资本投入生产和流通后才能增值。“如果把它从流通中取出来,那他就凝固为贮藏货币,即使藏到世界末日,也不会增加分毫。”因此,并不是所有的货币都有时间价值,只有把货币作为资金投入生产经营活动才能产生时间价值。因此,时间价值不可能由“时间”创造,而只能由工人的劳动创造,时间价值的真正来源是工人创造的剩余价值。

【知识链接】

英国经济学家凯恩斯从资本家和消费者心理出发,高估现在货币的价值,低估未来货币的价值,从而认为时间价值主要取决于流动偏好、消费倾向、边际效用等心理因素。在这种思想指导下,“时间利息论”者认为,时间价值产生于人们对现有货币的评价高于对未来货币的评价，它是价值时差的贴水；“流动偏好论”者认为，时间价值是放弃流动偏好的报酬；“节欲论”者则认为，时间价值是货币所有者不将货币用于生活消费所得的报酬。虽然表述不尽相同，归结起来就是说，货币所有者要进行投资，就必须牺牲现时的消费，因此他要求对推迟消费时间的耐心给予报酬，货币时间价值就是货币所有者推迟消费的报酬。“时间”“耐心”都能创造价值，这显然没有科学根据。马克思指出，G—W—G过程，前后G都是货币，没有质的区别，但是有量的不同。最后从流通中取出的货币，多于起初投入的货币，这个过程应该是G—W—G_1。其中，G_1=G+△G，即等于原预付货币额加上一个增值额。他把这个增值额或超过原价值的余额叫作剩余价值。可见，原预付价值不仅在流通中保存了下来，而且在流通中改变了自己的价值量，加上了一个剩余价值，或者说增值了，增值部分是工人创造的剩余价值。

三、资金时间价值的计算

(一)几个概念及符号的含义

1.终值，又称将来值，是现在一定量的资金折算到未来某一时点所对应的金额，俗称“本利和”，通常计作“F”。

2.现值，是指未来某一时点上的一定量资金折算到现在所对应的金额，俗称“本金”，通常计作“P”。

3.时间价值，即利息，利息=终值-现值，通常计作“I”。

4.折现率，即把现在一定量的资金折算到未来某一点或者把未来某一点的一定量资金折算到现在所用的比率。通常计作“i”。

5.期数，资金所经历的时间，通常计作“n”。

(二)时间价值的两种计算方式

1.单利计息方式，只对本金计算利息，利息不再计算利息，即本金生息，利息不生息，因此各期的本金不变。

2.复利计息方式，既对本金计算利息，也对以前各期产生的利息计算利息，即本金生息，利息也生息，因此这一期的本利和是下一期的本金。这其实是我们常听说的“驴打滚、利滚利”。

(三)单利的终值与现值

1.单利的终值

单利终值的计算公式为：

$$F=P\times(1+i\times n)$$

式中，$(1+i\times n)$表示单利的终值系数。

【例2-1】王先生现在一次性存入银行10万元钱，存了3年，如果银行三年期的定期存款年利率为5%，单利计息，问三年后王先生连本带息一共能取出多少钱？

【分析】该题目中王先生现在一次性存入银行10万元是现值P，存期3年是n，利率是i，要求按照单利计算本息合计，也就是3年后的终值F。

$$F=P\times(1+i\times n)=10\times(1+5\%\times3)=11.5(万元)$$

2.单利的现值

单利现值的计算与单利终值的计算互为逆运算，由终值计算现值的过程称为“折现”，因此单利现值的计算公式为：

$$P=\frac{F}{1+i\times n}$$

式中，$\frac{1}{1+i\times n}$被称为单利的现值系数。单利终值系数$(1+i\times n)$与单利现值系数$\frac{1}{1+i\times n}$互为倒数。

【例2-2】王先生打算三年后从银行取出10万元钱，如果银行三年期的定期存款年利率为5%，单利计息，问现在他需要一次性存入多少钱？

【分析】该题目中王先生准备3年后取出10万元是终值F，存期3年是n，利率是i，要求按照单利计算现在需要存进多少本金，也就是现值P。

$$P=\frac{F}{1+i\times n}=\frac{10}{1+5\%\times3}=8.6957(万元)$$

(四)复利的终值与现值

1.复利的终值

复利终值的计算公式为：

$$F=P(1+i)^n$$

可以简写成：$F=P\times(F/P,\ i,n)$。

上式中，$(1+i)^n$ 称为“复利终值系数”，可以用符号$(F/P,\ i,n)$来表示。在实际工作中，为了便于计算，复利终值系数可以通过查复利终值系数表(见本书附表1)获得。

【例2-3】王先生现在一次性存入银行10万元钱，存3年，如果银行三年期的定期存款年利率为5%，复利计息，问三年后王先生连本带利一共能取出多少钱？

【分析】该题目中王先生现在一次性存入银行10万元是现值P，存期3年是n，利率是i，要求按照复利计算本息合计，也就是3年后的终值F。

$$F=P\times(F/P,\ i,n)=10\times(F/P,5\%,3)=10\times1.1576=11.576(万元)$$

从【例2-1】和【例2-3】中我们可以发现，同样的本金(现值)、利率、年限，由于计算方式不同(单利与复利)，所取得的时间价值(利息)也不同，复利要高于单利。

2.复利的现值

根据复利终值的计算公式$F=P\times(1+i)^n$，可以推导出复利现值的计算公式为：

$$P=\frac{F}{(1+i)^n}$$

可以简写成：$P=F\times(P/F,\ i,n)$。

上式中，$\frac{1}{(1+i)^n}$称为“复利现值系数”，可以用符号$(P/F,\ i,n)$来表示。在实际工作中，为了便于计算，复利现值系数可以通过查复利现值系数表(见本书附表2)获得。复利终值系数$(1+i)^n$与复利现值系数$\frac{1}{(1+i)^n}$互为倒数。

【例2-4】王先生打算三年后从银行取出10万元钱，如果银行三年期的定期存款年利率为5%，复利计息，问现在他需要一次性存入多少钱?

【分析】该题目中王先生准备3年后取出10万元是终值F，存期3年是n，利率是i，要求按照复利计算现在需要存进多少本金，也就是现值P。

$$P=F\times(P/F,\ i,n)=10\times(P/F,5\%,3)=10\times0.8638=8.638(\text{万元})$$

注意的问题：在日常生活中，我们通常采用复利计算利息的方式，所以在财务管理中，如果不做特别的说明，一般均指按照复利计息。

(五)普通年金的终值与现值

1.年金的概念

年金，是指一定时期内每期等额收付的系列款项。年金通常用字母A来表示。年金的特点是：时间间隔相等，金额也相等，即定期等额。年金在我们日常生活中很常见，形式多种多样，如租金、养老金、保险金、折旧等，这些定期等额的收款或者付款都属于年金。

2.年金的种类

(1)普通年金：从第一期开始每期期末收付款的年金，也称后付年金。

(2)即付年金：从第一期开始每期期初收付款的年金，也称先付年金。

(3)递延年金：从第二期或者第二期以后某期的期末开始收付的年金。

(4)永续年金：无限期的普通年金。

注意的问题：①年金的时间间隔并不一定是一年，可以是半年、一个季度或者一个月等。②年金的起止时间也不一定是从1月1日至12月31日。③在年金的几种类型中，普通年金是最基本的形式，其他年金可以看作是普通年金的转化形式。所以，在本教材中，我们只对普通年金做讲解。

3.普通年金的终值与现值

(1)普通年金的终值

n期普通年金的终值可以看作是n个复利终值之和。因此n期普通年金终值的公式可以表示为：

$$F=A\times\frac{(1+i)^n-1}{i}$$

可以简写成：$F=A\times(F/A,\ i,n)$。

上式中，$\frac{(1+i)^n-1}{i}$称为年金终值系数，用符号表示为$(F/A,\ i,n)$。在实际工作中，为了便于计算，年金终值系数可以通过查年金终值系数表(见本书附表3)获得。

注意的问题：普通年金的终值点是最后一期的期末时刻，普通年金的现值点为第一期期初时刻。

【例2-5】李女士准备每年年末存入银行1万元，连续存三年，存款利率为5%，第三年末李女士能从银行取出多少钱？

【分析】该题目中李女士每年年末存1万元是普通年金A，存期3年是n，利率是i，要求计算3年后的终值F。

$$F=A\times(F/A,i,n)=1\times(F/A,5\%,3)=1\times3.1525=3.1525(\text{万元})$$

【例2-6】小刘打算在5年后还清一笔10 万元的债务，从现在起每年年末等额存入银行一笔款项。如果银行存款的利率为3%，则每年年末小刘需要存入多少钱？

【分析】该题目中小刘5年后需要偿还的10万元是的终值F，存期5年是n，利率是i，要求计算每年年末存多少钱是普通年金A。

$F=A\times(F/A,i,n)$

$10=A\times(F/A,3\%,5)$

$10=A\times5.3091$

$A=\dfrac{10}{5.3091}=1.88(\text{万元})$

【注意】该题目也可以按照偿债基金计算。

偿债基金是指为了在约定的未来某一时点清偿某笔债务或者积聚一定数额的资金而必须以分次等额形式存入的存款准备金，即已知终值F求年金A。偿债基金的计算公式为：

$$A=F\times\frac{i}{(1+i)^n-1}$$

可以简写成：$A=F\times(A/F,i,n)$。

上式中，$\dfrac{i}{(1+i)^n-1}$称为“偿债基金系数”，用符号表示为$(A/F,i,n)$。普通年金终值系数与偿债基金系数互为倒数，所以偿债基金系数通常使用年金终值系数的倒数计算。

(2)普通年金的现值

n期普通年金的现值可以看作是n个复利现值之和。因此n期普通年金现值的计算公式可以表示为：

$$P=A\times\frac{1-(1+i)^{-n}}{i}$$

可以简写成：$P=A\times(P/A,i,n)$。

上式中，$\dfrac{1-(1+i)^{-n}}{i}$称为年金现值系数，用符号表示为$(P/A,i,n)$。在实际工作中，为了便于计算，年金现值系数可以通过查年金现值系数表(见本书附表4)获得。

【例2-7】鑫源公司租入大型设备一台，合同约定租期5年，每年年末需要支付租金80万元，如果年利率为8%，相当于现在一次性支付的租金总额是多少钱？

【分析】题目中该企业每年年末支付80万元租金是普通年金A，支付5年是n，利率是i，要求计算相当于现在一次性支付多少钱是现值P。

$$P=A\times(P/A,i,n)=80\times(P/A,8\%,5)=80\times3.9927=319.416(\text{万元})$$

【例2-8】鑫源公司投资某项目100万元，该项目寿命12年，假设投资收益率为5%，要求计算每年年末能收回的投资额。

【分析】题目中该企业投资某项目100万元是现值P，项目寿命12年是n，利率是i，要求计算每年年末能收回的投资额是普通年金A。

$P=A\times(P/A,i,n)$

$100=A\times(P/A,5\%,12)$

$100=A\times8.8633$

$A=\frac{100}{8.8633}=11.28(\text{万元})$

【注意】该题目也可以按照资本回收额计算。

资本回收额是指在约定年限内等额回收初始投入资本或清偿所欠债务的金额，即已知P求A。根据普通年金现值的计算公式，可以推导出资本回收额的计算公式为：

$$A=P\times\frac{i}{1-(1+i)^{-n}}$$

可以简写成：$A=P\times(A/P,i,n)$。

上式中，$\frac{i}{1-(1+i)^{-n}}$称为“资本回收系数”，记作$(A/P,i,n)$，普通年金现值系数与资本回收系数互为倒数。

第二节　收益与风险

一、资产的收益

(一)资产收益的含义

资产的收益是指资产的价值在一定时期的增值。一般情况下，有两种表述资产收益的方式：

第一种方式是以金额表示的，称为资产的收益额，通常以资产价值在一定期限内的增值量来表示。

第二种方式是以百分比表示的，称为资产的收益率或报酬率，是资产增值量与期初资产价值(价格)的比值。

显然，以金额表示的收益与期初资产的价值(价格)相关，不利于不同规模资产之间收益的比较；而以百分数表示的收益则是一个相对指标，便于不同规模下资产收益的比较和分析。所以,通常情况下,我们都是用收益率的方式来表示资产的收益。

(二)资产收益率的类型

在实际的财务工作中,由于工作角度和出发点不同,收益率可以有以下一些类型。

1.名义收益率

名义收益率仅指在资产合约上标明的收益率。例如借款协议上的借款利率。

2.实际收益率

实际收益率表示已经实现或者确定可以实现的资产收益率，表述为已实现或确定可以实现的利息(股息)率与资本利得收益率之和。

3.预期收益率

预期收益率也称为期望收益率,是指在不确定的条件下,预测的某资产未来可能实现的收益率。

4.无风险收益率

无风险收益率也称无风险利率,它是指可以确定可知的无风险资产的收益率,它的大小由纯粹利率(资金的时间价值)和通货膨胀补贴两部分组成。无风险资产一般满足两个条件:一是不存在违约风险;二是不存在再投资收益率的不确定性。实际上,满足这两个条件的资产,就是与所分析资产的现金流量期限相同的国债。一般情况下,为了方便起见,通常用短期国库券的利率近似地代替无风险收益率。

5.风险收益率

风险收益率是指某资产持有者因承担该资产的风险而要求的超过无风险利率的额外收益。风险收益率衡量了投资者将资金从无风险资产转移到风险资产而要求得到的“额外补偿”。

6.必要收益率

必要收益率也称最低必要报酬率或最低要求的收益率，表示投资者对某资产合理要求的最低收益率。必要收益率由无风险收益率和风险收益率组成。必要收益率与认识到的风险有关。如果某公司陷入财务困难的可能性很大,也就是说投资该公司股票产生损失的可能性很大(风险大),那么投资于该公司股票将会要求一个较高的收益率,所以该股票的必要收益率就会较高。相反,如果某项资产的风险较小,那么,对这项资产要求的必要收益率也就小。

二、资产的风险

风险是现代企业财务管理环境的一个重要特征，在企业财务管理的每一个环节都不可避免地要面对风险。风险是对企业的目标产生负面影响的事件发生的可能性。从财务管理的角度看,风险就是企业在各项财务活动过程中,由于各种难以预料或无法控制的因素作用,使企业的实际收益与预计收益发生背离,从而蒙受经济损失的可能性。

(一)风险控制对策

1.规避风险

当资产风险所造成的损失不能由该资产可能获得的收益予以抵消时,应当放弃该资产,以规避风险。例如,拒绝与不守信用的厂商业务往来;放弃可能明显导致亏损的投资项目。

2.减少风险

减少风险主要是指两个方面:一是控制风险因素,减少风险的发生;二是控制风险发生的频率和降低风险损害程度。减少风险的常用方法有:进行准确的预测;对决策进行多方案优选和替代;及时与政府部门沟通获取政策信息;在发展新产品前,充分进行市场调研;采用多领域、多地域、多项目、多品种的经营或投资以分散风险。

3.转移风险

对可能给企业带来灾难性损失的资产,企业应以一定的代价,采取某种方式转移风险。如向保险公司投保;采取合资、联营、联合开发等措施实现风险共担;通过技术转让、租赁经营和业务外包等实现风险转移。

4.接受风险

接受风险包括风险自担和风险自保两种。风险自担是指风险损失发生时,直接将损失摊入成本或费用,或冲减利润。风险自保是指企业预留一笔风险金或随着生产经营的进行,有计划地计提资产减值准备等。

(二)风险偏好

根据人们的效用函数的不同,可以按照其对风险的偏好分为风险回避者、风险追求者和风险中立者。

1.风险回避者

当预期收益率相同时,风险回避者都会偏好于具有低风险的资产;而对于同样风险的资产,他们则都会钟情于具有高预期收益的资产。但当面临以下这样两种资产时,他们的选择就要取决于他们对待风险的不同的态度:一项资产具有较高的预期收益率同时也具有较高的风险,而另一项资产虽然预期收益率低但风险水平也低。

风险回避者在承担风险时,就会因承担风险而要求额外收益,额外收益要求的多少不仅与所承担的风险的大小有关(风险越高,要求的风险收益就越大),还取决于他们的风险偏好。对风险回避的愿望越强烈,要求的风险收益就越高。

一般的投资者和企业管理者都是风险回避者,因此财务管理的理论框架和实务方法都是针对风险回避者的,并不涉及风险追求者和风险中立者的行为。

2.风险追求者

与风险回避者恰恰相反,风险追求者主动追求风险,喜欢收益的动荡胜于喜欢收益的稳定。他们选择资产的原则是:当预期收益相同时,选择风险大的,因为这会给他们带来更大的效用。

3.风险中立者

风险中立者既不回避风险，也不主动追求风险。他们选择资产的唯一标准是预期收益的大小，而不管风险状况如何，这是因为所有预期收益相同的资产将给他们带来同样的效用。

【案例分析1】

在印度有一个古老的传说。相传，印度至高无上的舍罕王曾向全国发出诏令："谁能发明一种既能让人娱乐，又能在娱乐中增长知识、使人头脑变得更加聪明的东西，本王就让他终身为官，并且皇宫中的贵重物品任其挑选。"于是，举国上下的能工巧匠纷纷而动，发明创造出来的新奇玩意儿一件又一件送到舍罕王的面前。但是所有的发明中没有一件让他满意。一个风和日丽的早晨，舍罕王闲着无聊，正准备和众爱卿到格拉察湖去钓鱼，他忽然发现宰相西萨·班·达依尔没有来，便随口问道："宰相干什么去了？""宰相因宫中有一件事未处理好，正在那里琢磨呢。"一个大臣答道。舍罕王没有追问下去，拿起鱼竿钓起鱼来。众爱卿也纷纷响应，于是，一枝枝长竿同指湖心。正在这时，宰相达依尔飞马来到。达依尔匆匆下马，来到舍罕王的面前，禀道："陛下，为臣在家中琢磨了许多天，终于发明了象棋，不知大王是否愿意一看？"舍罕王一听此言，连忙说道："什么是象棋？赶快拿来看看。"

这位宰相发明的象棋就是今天的国际象棋，整个棋盘由64个小方格组成正方形，共有32个棋子，双方各有16个，包括国王1枚、王后1枚、象2枚、马2枚、车2枚、卒8枚。双方的棋子在格内移动，以消灭对方的王为胜。舍罕王看到此物，喜不胜收，连忙招呼其他大臣与他对弈。

舍罕王对这个新玩意儿十分满意，便打算重赏自己的宰相，他说道："官不能再封了，你已经做到顶了，如再要封恐怕只有我让位了。现在重赏你财物，你要些什么？"他对国王说："陛下，请您在这张棋盘的第1个小格里，赏给我1粒麦子，在第2个小格里给2粒，第3小格给4粒，以后每一小格都比前一小格加一倍。请您把这样摆满棋盘上所有的64格的麦粒，都赏给您的仆人吧！"国王觉得这要求太容易满足了，命令手下给他这些麦粒。当人们把一袋一袋的麦子搬来开始计数时，国王才发现：就是把全印度甚至全世界的麦粒全拿来，也满足不了那位宰相的要求。

那么，宰相要求得到的麦粒到底有多少呢？总数为：

$1+2+4+8+\cdots\cdots+2^{63}=2^{64}-1$

人们估计，全世界两千年也难以生产这么多麦子！

舍罕王觉得自己金口已开，不能兑现又不能改变，一时不知道该怎么办。一位大臣献计，找个理由砍下他的头就万事大吉了。就这样，宰相西萨·班·达依尔的头被献到了数学的祭坛上。

案例思考：

1. 资金时间价值计算的方法有哪些？

2. 资金时间价值的本质是什么？

【案例分析2】

海尔集团的风险管理

美国次贷引发的金融风暴席卷全球,其影响还在不断扩散之中,作为全球制造业大国的中国同样面临着巨大挑战。而在此背景之下,位于青岛的海尔冰箱生产车间却是一片热火朝天的景象。世界著名的消费市场研究机构 Euromonitor International(欧睿国际)最新发布的监测数据显示,以单一品牌计,2008年海尔品牌在全球冰箱市场上的份额已达6.3%,超过惠而浦、LG和伊莱克斯等,跃居全球第一。

在弥漫着悲观情绪的市场上,2008年海尔集团全球营业额实现1220亿元,同比增长8%,其中海外营业额同比增长9.8%,利润同比增长20.6%,目前海尔集团已经是世界第四大白色家电制造商、中国最具价值品牌,在全球建立了29个制造基地,8个综合研发中心,19个海外贸易公司,全球员工总数超过5万人,已发展成为大规模的跨国企业集团。这样一组数据,无疑勾勒出了在全球危机(尤其是在国内制造业危机)的寒冬之下的一抹盎然春意。

海尔今天的这一切得益于其十分注重吸取1997年亚洲金融危机的教训,重视内控和风险管理体系的建立和完善。我们认为,所有风险的源头可以说是战略,确定战略的时候,就锁定了全部风险。企业里的风险可以通过一些手法进行有效规避:财务管理、预算管理、人事管理、有效授权、投资管理和风险监控,制定风险管理体系以量化各项企业风险,制定风险防范的办法,降低经营的风险。

集团化、国际化:目前海尔在全球30多个国家和地区建有贸易公司与设计中心,全球有10多个工业园。这么大的规模如果不建内控体系,企业的风险将非常大。风险随着企业集团化、多元化、国际化等新经营空间的拓展,而有了很多新的课题、新的表现,在拓展的同时,需要不断提升对风险的认识、理解和控制。风险在遇到集团管控问题后会立即变得更加复杂。首先,集团企业在取得协同、整合、规模优势等利益的同时,随着资产规模的扩大、涉足产业的增加、所属子公司地域分布趋于分散,企业所面临的各种投资、运营、管理风险必将显著放大,对集团管控能力特别是风险内控体系也提出了更高的要求;其次,因集团化、多元化和国际化之后产生的多层次、多法人问题,风险也成为一个跨层次、多对象的体系。因此,随着企业规模的壮大,其触角的全球延伸,风险管理便自然成为企业经营的充分必要命题。

财务公司:通过财务公司的建立,实现了以产业集团为前提的外汇资金集中管理,在提高集团外汇资金运作效率、节约结算成本、简化结算流程、规避外汇资产汇率风险等方面取得了良好的经济效益和管理效益;同时,将金融风险控制模型注入集团产业,全面构建了集团产业资金风险控制体系,提高了集团整体的风险防范能力。

基于集团战略的风险管理:战略经营方向决定了公司一定时期内的发展方向。集团公司战略管理的特点与环境的复杂性,要求对公司战略不断加以审核和评估,以便及时做出局部和根本性的调整。因此,高度复杂的环境增加了公司经营的风险。一般来说,正确的公司战略加上有效的风险控制,可以使公司在复杂多变的环境中稳健地发展,并取得预期的业绩目标。例如，海尔采取的多元化发展战略是“东方亮了再亮西方”。张瑞敏认为，“问题不在于企业需不需要搞多元化，而在于企业自身有没有能力搞多元化。”显然，对于企业的多元化扩张，海尔人持的态度是：有前提、有条件、讲方针的谨慎的肯定。这是一种有风险意识、有风险防范措施的立场。

以创新变革应对风险：在风险面前，海尔走创新之路应对风险。张瑞敏认为，面对全球金融危机，企业不仅要“过冬”，还要学会“冬泳”，而不是“冬眠”。风险和机遇对每个企业都是平等的，这都是外因；能否规避风险、抓住机遇，取决于内因，这要看企业自身的竞争力。

“零风险”：海尔最早提出来要保证企业“零风险”，并清楚认识到“零风险”是理想状态，实际上是做不到的，但是有很多风险可以规避，很多风险可以转嫁，还有很多风险要去承受。后来实现风险的全面管控，就是因为海尔需要将“零风险”设定为最高目标，虽然一定会有风险存在，但是不能将风险变为无底洞。

风险平衡：在海尔，平衡风险的关系与平衡股东、平衡经营的关系同等重要。在美国次贷危机发生后，海尔及时做出各类风险对策。比如在全国取消仓库，按单生产，像冰箱一年几千万的产量，库存几乎为零，这样一下子增加了企业的现金流，减小了风险。虽然一定时期会增加管理的难度，但战略上是非常必要的，这也是一种平衡风险的能力。

案例思考：

1.如何理解风险的含义？

2.海尔集团采取了哪些控制风险的对策？

第三章　筹资管理

【学习内容及目的】

本章主要介绍资金筹集的种类及筹资方式;资金需要量的预测方法;资金使用的成本计算。通过学习本章,学生应理解企业筹资的概念、目的、种类和方式;掌握企业资金需要量预测的计算方法;熟练掌握资本成本的含义以及各种筹资成本的计算。

第一节　筹资管理概述

一、企业筹资的概念与目的

(一)企业筹资的概念

筹资是企业通过一定的筹资渠道和资金市场,采取适当的渠道方式,经济有效地为企业筹集所需资金的一种行为。资金筹集是企业资金运动的起点。企业的生存和发展均以筹集足够的资金,并有效地加以运用为前提。因而,企业筹资是财务管理的一项重要内容。

(二)企业筹资的目的

企业筹资的目的是为了自身的生存与发展。主要表现在以下几个方面:

1.满足企业初期创建的需要;

2.满足企业扩张经营规模的需要;

3.满足企业偿还到期债务的需要;

4.满足企业应付偶发事件的需要;

5.满足企业对外投资的需要。

二、企业筹资的原则

(一)规模适当原则

企业筹资规模应与资金需求量相一致,既要避免因资金筹集不足,影响生产经营的正常进行,又要防止资金筹集过多,造成资金闲置。

（二）筹措及时原则

企业财务人员应全面掌握资金需求的具体情况并熟知资金时间价值的原理，合理安排资金的筹集时间，适当获取所需资金。

（三）来源合理原则

不同来源的资金，对企业的收益和成本有不同影响。因此，企业应认真研究资金来源渠道和资金市场，合理选择资金来源。

（四）方式经济原则

企业筹集资金必然付出一定的代价并承担相应的风险，不同筹资方式条件下的资金成本和财务风险有高有低。因此，需要对各种筹资方式进行分析、对比，选择经济可行的筹资方式。

三、企业筹资的方式

企业筹资方式是企业筹措资金所采用的具体形式。目前，我国企业筹资方式有七种。

（一）吸收直接投资

吸收直接投资是指企业以协议等方式吸收国家、其他法人单位、个人和外商等的投入资金，形成企业资本金的筹资方式。

（二）发行股票

发行股票是指股份公司通过发行股票筹措权益性资本的一种筹资方式。

（三）利用留存收益

利用留存收益是指根据投资人意见和企业具体情况把留存的应分配给投资者的未分配利润和提取的盈余公积金转化为投资的过程。

（四）向银行借款

向银行借款是指企业根据借款合同从有关银行或非银行金融机构借入所需的还本付息的款项。

（五）利用商业信用

利用商业信用是指企业在商品交易活动中通过延期付款或预收货款获得的借贷资金，它是企业筹集短期资金的重要方式。

（六）发行公司债券

公司债券是指企业依照法定程序发行的、约定在一定期限还本付息的有价证券。发行公司证券，即企业通过发行债券筹措债务性资本的一种筹资方式。

（七）融资租赁

融资租赁，也称资本租赁或财务租赁，是区别于经营租赁的一种长期租赁形式。是指出租人根据承租人对租赁物和供货人的选择或认可，将其从供货人处取得的租赁物，按融资租赁合同的约定出租给承租人占有、使用、并向承租人收取租金的交易活动。它是企业筹集长期债务性资本的一种筹资方式。

四、企业筹资的种类

企业筹资从不同的角度分类，主要有以下四种分类方式。

（一）按所筹资金性质分类

企业筹资按所筹资金性质分类，可分为权益性筹资和债权性筹资。

1.权益性筹资

权益性筹资是企业依法筹集并长期拥有，可以自主支配使用的资金。它主要包括实收资本、资本公积、盈余公积和未分配利润。企业通过吸收直接投资、发行股票、利用留存收益等方式筹措资金形成企业权益性筹资，属于企业的所有者权益。这部分资金没有到期日，无须还本付息，只要企业不进入破产清算模式，就可由企业永久使用，是企业开展生产经营活动的本钱。因此，企业采用权益性筹资，财务风险小，但付出的资金成本相对较高。

2.债权性筹资

债权性筹资是指企业依法筹措并依约使用、按期偿还的资金。它主要包括银行或非银行金融机构的各种借款、应付债券、应付票据等。企业通过向银行借款、利用商业信用、发行公司债券和融资租赁等方式形成企业债权性筹资，属于企业的负债。这部分资金一般有固定到期日，须到期还本付息，因而，会带来一定的偿债风险，但也可能带来财务杠杆利益。

（二）按所筹资金的使用期限分类

企业筹资按所筹资金的使用期限分类，可分为短期筹资和长期筹资。

1.短期筹资

短期筹资是对短期资金的筹集。短期资金一般是指使用期限在一年以内的资金。短期筹资主要采用商业信用和短期借款等方式。

2.长期筹资

长期筹资是对长期资金的筹集。长期资金一般是指使用期限在一年以上的资金。长期筹资主要采用权益资金和长期负债资金等方式。

（三）按所筹资金的来源、范围分类

企业筹资按所筹资金的来源、范围分类，可分为内部筹资和外部筹资。

1.内部筹资

内部筹资是指企业在内部通过留用利润而形成的资金来源，是企业内部“自然”形成的，一般无需花费筹资费用，其数量通常用企业可分配利润的规模和利润分配政策所决定。

2.外部筹资

外部筹资是企业在内部筹资不能满足需要时，向企业外部筹资而形成的资金来源。

处于初创时期的企业内部筹资的可能性有限，而处于成长期的企业，内部筹资往往难以满足需要，所以企业要广泛开展外部筹资。但是企业外部筹资大多需要花费筹资费用，例如，发行股票、债券都需要支付发行成本；取得银行借款时必须支付一定的手续费用。

(四)按是否借助金融机构分类

企业筹资按是否借助金融机构分类,可分为直接筹资和间接筹资。

1.直接筹资

直接筹资是指筹资企业不借助银行等金融机构,直接与资金所有者协商,采用一定的筹资方式取得资金。主要有吸收直接投资、发行股票、发行债券和商业信用等筹资方式。

2.间接筹资

间接筹资是指筹资企业借助银行等金融机构而取得资金。其基本方式有银行借款和租赁等。这是一种传统的筹资类型,银行等金融机构起着重要的作用。

第二节 资金需要量预测

企业在筹资之前,应当采用一定的方法预测资金需要量,只有这样才能使筹集的资金既能保证生产经营的需要,又不会有太多的资金闲置。企业资金需要量的预测可以采用定性预测法和定量预测法。

一、定性预测法

定性预测法是利用直观的资料,依靠个人的经验和主观分析、判断能力,对未来资金需要量做出预测的方法。其预测过程是:首先由熟悉财务情况和生产经营情况的专家,根据过去所能积累的经验进行分析判断,提出预测的初步意见;然后,通过召开座谈会或发出各种表格等形式,对上述预测的初步意见进行修正补充。这种方法简单直接,在缺乏资料和因素复杂的情况下行之有效。但它受主观因素的影响,不能揭示资金需要量与相关因素的关系,因而预测结果的准确性较差,一般只作为预测的辅助方法。

二、定量预测法

定量预测法是根据比较完备的财务数据资料,采用数学模型对未来资金需要量做出预测的方法。常用的定量预测法有销售百分比法和因素分析法。

(一)销售百分比法

销售百分比是根据销售额指标与资产负债表有关项目之间的比例关系,预测资金需要量和追加筹资额的方法。使用这一方法的前提是资产负债表有些项目与销售额指标必须已知且固定不变,计划销售额能保证完成。基本步骤如下:

1.计算基期(上期)资产负债表中各敏感性项目的销售百分比并填表

所谓敏感性项目,就是指假定的与销售额存在固定比例关系的资产、负债项目,包括现金、应收账款、存货、预付费用、应付票据、应付账款、应付费用等。它们一般会随销售额的增减而变动。其他如对外投资、固定资产净额、短期借款、长期负债、实收资本等,它们在短期内一般不会随销售额的增减而变动，所以将其归纳为非敏感性项目，在编制预计资产负债表时可假定这些项目不发生变化。

计算公式为：

$$某项目销售百分比=\frac{某项目金额}{销售额}\times100\%$$

2.编制预计（下期）资产负债表

根据基期（上期）资产负债表及其各敏感性项目与销售额之间的比例关系，编制出预计（下期）资产负债表，并据以确定资金需要量。

计算公式为：

某敏感项目预计数=预计销售额×某项目销售百分比

非敏感项目预计数=基期（上期）数额

3.确认资金需要量，就是预计（下期）资产负债总额

4.计算需要追加的筹资额

追加的筹资额=预计（下期）资产负债表资产总额-已有的负债及所有者权益合计

5.计算预计（下期）可增加的留用利润和对外筹资额

可增加的留用利润=预计（下期）净利润×留用利润百分比

对外筹资额=需追加的筹资额-可增加的留用利润

【例3-1】蓝天公司2011年销售额为800万元，资产利润率为8%，所得税税率为30%，2011年资产负债表见下表。2012年预计销售额1000万元，资产利润率、所得税率不变。当年可留用利润为40%。按销售百分比法预测2012年资金需要量和需要追加的筹资额，以及对外筹资额。

（1）计算2011年资产负债表中各敏感性项目占销售额的百分比，根据计算结果，编制2012年预计资产负债表，确认2012年资金需要量和需要追加的资金数额。

表3-1　2012年资产负债表　　单位：万元

项目	2011 年金额	占销售额百分比(%)	2012 年预计数
资产：			
现金	12	1.50 ①	15 ⑧
应收账款	120	15 ②	150 ⑨
存货	200	25 ③	250 ⑩
预付费用	8	1 ④	10 ⑪
固定资产净值	260	—	260（不变）
资产总额	600	—	685

续表

项目	2011 年金额	占销售额百分比(%)	2012 年预计数
负债及所有者权益：			
应付票据	24	3 ⑤	30 ⑫
应付账款	100	12.5 ⑥	125 ⑬
应付费用	16	2 ⑦	20 ⑭
长期负债	128	—	128 （不变）
实收资本	300	—	300 （不变）
留用利润	32	—	32 （不变）
负债及所有者权益合计：	600	—	635
追加筹资额	—		50 ⑮
追加筹资后负债及所有者权益总额	—		685

表中各敏感性项目占销售百分比计算：

①= 12÷800×100%

②= 120÷800×100%

③= 200÷800×100%

④= 8÷800×100%

⑤= 24÷800×100%

⑥= 100÷800×100%

⑦= 16÷800×100%

表中2012年预计数的有关指标计算：

⑧= 1000×1.5%

⑨= 1000×15%

⑩=1000×25%

⑪=1000×1%

⑫=1000×3%

⑬=1000×12.5%

⑭=1000×2%

⑮=685-635

(2)从表中预计数可知，该公司2012年的资产总额为685万元。说明蓝天公司2012年的资金需要量也就是685万元。

(3)根据“资产=负债+所有者权益”平衡公式，蓝天公司已有的负债和所有者权益为635

万元，因此，需要追加的筹资额=685-635=50(万元)。

(4)计算可增加的留用利润和对外筹资额：

2012年利润总额=1000×8%=80(万元)

2012年的税后利润=80-80×30%=56(万元)

2012年可增加的留用利润=56×40%=22.4(万元)

2012年对外筹资额=50-22.4=27.60(万元)

(二)因素分析法

因素分析法又称分析调整法，是以有关资本项目上年度的实际平均需要量为基础，根据预测年度的生产经营任务和加速资本周转的要求，进行分析调整，来预测资本需要量的一种方法。这种方法计算简便，容易掌握，但预测结果不太准确。它通常用于品种繁多、规格复杂、用量较小、价格较低的资本占用项目，也可以用于匡算企业全部资本的需要量。采用这种方法时，应在上年度资本平均占用额的基础上，剔除其中呆滞积压等不合理部分，然后根据预测期的生产任务和加速资本周转的要求进行测算。因素分析法的计算公式如下：

资本需要量=(上年资本实际平均占用量-不合理平均占用量)×(1±预测年度销售变动率)×(1±预测资本周转速度变动率)×(1±预测资产价格变动率)

【例3-2】甲企业上年度资金实际平均占用量为2200万元，其中存货积压部分为200万元，预计本年度销售增长5%，资本周转速度加快2%，物价预计上涨4%。预测年度资本需要量为：

$$(2200-200)\times(1+5\%)\times(1-2\%)\times(1+4\%)=2140.32(\text{万元})$$

(三)高低点法

高低点法是以某一特定时间内的最高业务量(高点)的资金占用与最低业务量(低点)的资金占用之差，除以最高业务量与最低业务量之差，计算出单位变动资金的值，然后确定不变资金总额，从而求得资金需要量的一种方法。高低点法的具体步骤如下。

1.确定高低点。根据某一特定时间的业务量和资金占用量资料，确定最高点和最低点。

2.计算单位变动资金和不变资金。其计算公式为：

$$b=\frac{\text{高点资金需要量}(y_1)-\text{低点资金需要量}(y_2)}{\text{高点业务量}(x_1)-\text{低点业务量}(x_2)}$$

$$a=y_1-bx_1$$

或者

$$a=y_2-bx_2$$

3.建立性态方程。其计算公式为：

$$y=a+bx$$

式中，y为资金需要量；a为不变资金；b为单位业务量所需要的变动资金；x为业务量。

【例3-3】星海公司产销量与资金占用量的资料如下表所示。

表3-2 星海公司产销量与资金占用量情况

年度	产量 x(万件)	资金占用量 y(万元)
2004	120	100
2005	110	95
2006	100	90
2007	120	100
2008	130	105

若2009年预计产量为140万件，则资金占用量是多少？

根据所给的历史资料得

$$b=\frac{105-90}{130-100}=0.5$$

$$a=105-0.5\times130=40$$

公式可写为

$$y=40+0.5x$$

将2009年预计产量140万件代入公式，则资金占用量为

$$y=40+0.5\times140=110\text{(万元)}$$

（四）回归分析法

回归分析法是根据若干期业务量和资金占用的历史资料，根据最小平方法原理计算不变资金和单位销售额变动资金的一种资金预测方法。

回归分析法的具体步骤如下。

1.根据历史资料列表。计算n、$\sum x$、$\sum y$、$\sum xy$、$\sum x^2$的值。

根据公式$y=a+bx$联立方程组，计算单位变动资金b和不变资金a，或可联立方程组代数求得。

2.其计算公式为：

$$b=\frac{n\sum x_iy_i-\sum x_i\sum y_i}{n\sum x_i^2-(\sum x_i)^2}$$

$$a=\frac{n\sum x_i^2\sum y_i-\sum x_i\sum x_iy_i}{n\sum x_i^2-(\sum x_i)^2}$$

式中，y_i为第i期的资金占用量；x_i为第i期的产销量。

回归分析法的计算结果比前两种方法更准确，更科学，但计算量大，公式复杂。

【例3-4】新意公司2006年至2010年的产销量与资本需要量如下表所示。假定2011年预计产销数量为78 000件。试预测2011年资本需要量。

表3-3 新意公司产销量与资金占用量情况

年度	产量 x(万件)	资金占用量 y(万元)
2006	6.0	500
2007	5.5	475
2008	5.0	450
2009	6.5	520
2010	7.0	550

①根据上述资料，计算整理出如下数据：

表3-4 回归直线方程数据计算表

年度	产销量 x(万件)	资本需要量 y(万元)	xy	x^2
2006	6.0	500	3000	36.00
2007	5.5	475	2612.5	30.25
2008	5.0	450	2250	25.00
2209	6.5	520	3380	42.25
2010	7.0	550	3850	49.00
	$\sum x=30$	$\sum y=2495$	$\sum xy=15\ 092.5$	$\sum x^2=182.5$

②将以上数据代入下列联立方程组 $\begin{cases}\sum y=na+b\sum x\\ \sum xy=a\sum x+b\sum x^2\end{cases}$

求得 $\begin{cases}2495=5a+30b\\ 15092.5=30a+182.5b\end{cases}$

求得 $\begin{cases}a=205\\ b=49\end{cases}$

③将a、b代入$y=a+bx$，得

$$y=205+49x$$

④将2011年预计产销量7.8万件代入上式，测得资本需要量为：

$$205+49\times7.8=587.2(\text{万元})$$

第三节 资金成本

在市场经济条件下，企业不能无偿使用资金，必须向资金提供者支付一定数量的费用作为补偿。这些补偿性的支出就是资金成本。因此，企业必须合理筹集资金并节约使用资金。

资金成本也称资本成本，是指企业为取得和使用资金而支付的各种费用。资金成本包括用资费用和筹资费用两部分内容。可以用绝对数表示，也可以用相对数表示。在实际工作中，为了便于分析比较，资本成本通常以相对数表示，即以资本成本率表示。其基本公式如下：

$$\text{资本成本率}=\frac{\text{每年资金使用费用}}{\text{筹资总额}-\text{筹资费用}}=\frac{\text{每年资金使用费用}}{\text{筹集资金总额}\times(1-\text{筹资费用率})}$$

一、个别资本成本

个别资本成本是指各种长期资本的成本。企业的长期资本成本一般有长期借款、债券、优先股、普通股、留用利润等。本教材介绍银行借款成本、债券成本和普通股成本。

(一)银行借款成本

银行借款成本是指企业使用银行借款支付的借款利息和筹资费用。由于借款的利息允许在缴纳所得税前支出，具有少缴所得税作用，因此在计算中应扣除这一部分。银行借款成本率计算公式为：

$$\text{银行借款成本率}=\frac{\text{利息}\times(1-\text{所得税税率})}{\text{筹资总额}-\text{筹资费用}}=\frac{\text{利息}\times(1-\text{所得税税率})}{\text{筹资总额}\times(1-\text{筹资费用率})}$$

【例3-5】某企业从银行借款100万元，借款利率为10%，期限为5年，每年付息一次，到期还本，筹资费用率为2%，所得税税率为25%，问：借款的成本率为多少？

$$\text{银行借款成本率}=\frac{100\times10\%\times(1-25\%)}{100\times(1-2\%)}=7.65\%$$

(二)债券成本

债券成本是指企业发行债券筹集资金所支付的债券发行费用及债券利息。债券的利息也允许税前列支，具有抵税效应。债券成本率计算公式为：

$$\text{债券成本率}=\frac{\text{债券利息}\times(1-\text{所得税税率})}{\text{债券筹资额}-\text{债券的发行费用}}$$

$$=\frac{债券利息\times(1-所得税税率)}{债券筹资额\times(1-筹资费用率)}$$

注:债券筹资额按发行价格确定。

【例3-6】某公司拟发行5年期债券200万元(每张面值为100元,共20 000张),筹资费用率为5%,年利息率为12%,每年付息一次,企业所得税税率为25%,预计可按溢价发行,价格共计210万元。问:该债券的成本率为多少?

$$债券成本率=\frac{200\times12\%\times(1-25\%)}{210\times(1-5\%)}=9\%$$

(三)优先股成本

优先股成本是企业发行优先股筹集资金所支付的发行费用及支付的优先股的股利。优先股股利通常是固定的。优先股资本成本率计算公式如下:

$$优先股资本成本率=\frac{优先股年股利}{优先股筹资额\times(1-筹资费用率)}$$

注:优先股筹资额按发行价格确定。

【例3-7】某公司发行优先股总面额100万元,总价为125万元,筹资费用率为6%,规定年股利率为14%。则优先股资本成本率为多少?

$$优先股资本成本率=\frac{100\times14\%}{125\times(1-6\%)}=11.91\%$$

(四)普通股成本

普通股成本是企业发行普通股筹集资金所支付的发行费用及支付的普通股的股息。其计算公式如下:

$$普通股资本成本率=\frac{普通股第一年的股利}{股票筹资额\times(1-筹资费用率)}+普通股每年预期增长率$$

注:股票筹资额按发行价格确定。

【例3-8】某公司拟发行普通股股票450万元,实际筹资总额为500万元,筹资费用率为4%,第一年股利率为12%,以后每年增长5%。普通股资本成本率为多少?

$$普通股资本成本率=\frac{450\times12\%}{500\times(1-4\%)}+5\%=16.25\%$$

二、综合资金成本

综合资金成本是指企业全部长期资本的总成本,通常是以各种资本占全部资本的比重为权数,对个别资本成本进行加权平均确定的,故亦称加权平均资本成本。其计算公式如下:

$$综合资金成本=\sum(某种资金成本率\times该种资金占全部资金的比重)$$

【例3-9】某企业共需筹资1000万元,其中,债券400万元,优先股100万元,普通股400万元,留用利润100万元,其成本分别为债券6%、优先股11%、普通股16%、留用利润15%。试计算该企业的综合资金成本。

各种资金在总资本中所占的比重如下:

债券：$\frac{400}{1000}\times100\%=40\%$

优先股：$\frac{100}{1000}\times100\%=10\%$

普通股：$\frac{400}{1000}\times100\%=40\%$

留用利润：$\frac{100}{1000}\times100\%=10\%$

综合资金成本=6%×40%+11%×10%+16%×40%+15%×10%=11.4%

三、资本结构

资本结构是企业筹资决策的核心问题。企业应综合考虑有关的影响因素，运用适当的方法确定最佳的资本结构，并在以后的追加筹资中继续保持。企业现有的资本结构如果是不合理的，则应通过筹资活动主动调整，使其趋于合理，以至达到最优化。

资本结构是指在企业资本总额(资金总额)中各种资本的构成比例。最基本的资本结构是债务资本和权益资本的比例。

最佳资本结构是指企业在一定时期使其综合资金成本最低，同时企业价值最大的资本结构。

企业通常采用的最佳资本结构最优决策方法有资本成本比较法。资本成本比较法是通过计算不同资本结构的加权平均资本成本，并以此为标准，选择其中加权平均资本成本最低的资本结构。它以资本成本高低作为最佳资本结构的唯一标准，简单实用。

【例3-10】某企业由A、B、C、三种筹资方案，相关资料如下表所示，试选择最佳筹资方案。

表3-5　某企业筹资方案比较表　　　　单位：万元

筹资方式	方案A		方案B		方案C	
	筹资额	资本成本(%)	筹资额	资本成本(%)	筹资额	资本成本(%)
长期借款	60	6	80	7	70	6.5
债券	120	9	120	8	80	7.5
普通股	120	15	100	15	150	15
合计	300		300		300	

计算各类方案的加权平均资本成本。

方案A：

加权平均资本成本$=\frac{60}{300}\times6\%+\frac{120}{300}\times9\%+\frac{120}{300}\times15\%=10.8\%$

方案B：

加权平均资本成本$=\frac{80}{300}\times7\%+\frac{120}{300}\times8\%+\frac{100}{300}\times15\%=10.07\%$

方案C：

加权平均资本成本$=\frac{70}{300}\times6.5\%+\frac{80}{300}\times7.5\%+\frac{150}{300}\times15\%=11.02\%$

进行计算与比较，方案B的资本成本最低，因此，选择借款80万元、债券120万元、普通股票100万元的资本结构最为可行。

【案例分析1】

五粮液银行借款为零

我国进入市场经济以来，宏观调控初见成效，贷款初步增长已得到遏制。据央行的数据统计，2004年6月末，金融机构人民币各项贷款余额增幅分别比上年同期、上年年末、一季度末和5月末减缓6.8%，4.8%，3.8%和2.3%。

如果一家企业没有贷款的话，那么受宏观调控的影响应该不大；如果该企业从事的不是投资品而是消费品行业，那受到的影响应该更小了。五粮液(000858)就是这样一家上市公司。

银行借款为零！2004年半年报显示，五粮液货币资金高达13亿元，而短期借款和长期借款均为零，意味着没有一分钱银行借款。一次有银行借款还是在1999年度，也仅有281万元的长期借款。

五粮液之所以没有银行借款，一个原因是公司通过1998年首发和2001年配股共募集到19.2亿元的巨额资金；而更主要的原因是五粮液是国酒，皇帝的女儿不愁嫁，销售商到厂家进货时必须先交钱再提货，不愁货款收不回来。

案例思考：

1. 企业有哪些筹资方式？五粮液应用了哪些筹资方式？
2. 五粮液为何没有银行借款？

【案例分析2】

北重汽车制造公司筹资决策

北重汽车制造公司是一个多种经济成分并存，具有法人资格的大型企业集团。公司现有10个生产厂家，还有物资、销售、进出口、汽车配件等 4 个专业公司，1 个轻型汽车研究所和 1 所汽车工业学院。公司现在急需 1 亿元的资金用于技术改造项目。为此，总经理召开由生产副总经理张伟、财务副总经理王超、销售副总经理李立、某信托投资公司金融专家周明、某研究中心经济学家吴教授、某大学财务学者郑教授组成的专家研讨会，讨论该公司筹资问题。

总经理赵文广首先发言。他说:“技术改造项目经专家、学者的反复论证已被国务院正式批准。这个项目的投资额预计为4亿元,生产能力为4万辆。项目改造完成后,公司的两个系列产品的各项性能可达到国际先进水平。现在项目正在积极实施中,但目前资金不足,准备筹措1亿元资金。请大家讨论如何筹措这笔资金。”

生产副总经理张伟说:“目前筹集的1亿元资金,主要是用于投资少、效益高的技术改造项目。这些项目在两年内均能完成建设并正式投产,到时将大大提高公司的生产能力和产品质量,估计这笔投资在投产后3年内可完全收回。所以应发行5年期的债券筹集资金。”

财务副总经理王超提出了不同意见,他说:“目前公司全部资金总额为10亿元,其中自有资金为4亿元,借入资金6亿元,自有资金比率为40%,负债比率为60%。这种负债比率在我国处于中等水平,与世界发达国家如美国、英国等相比,负债比率已经比较高了。如果再利用债券筹集1亿元资金,负债比率将达到64%,显然负债比率过高,财务风险太大。所以,不能利用债券筹资,只能靠发行普通股股票或优先股股票筹集资金。”

金融专家周明认为:目前我国金融市场还不完善,在目前条件下要发行1亿元普通股股票十分困难。发行优先股还可以考虑,但根据目前的利润水平和市场状况,发行时年股息率不能低于16.5%,否则无法发行。如果发行债券,因要定期付息还本,投资者的风险较小,估计以12%的年利息便可顺利发行债券。

来自某研究中心的吴教授认为:目前我国经济正处于繁荣时期,但党和政府已经发现经济“过热”所造成的一系列弊端,已采取措施治理经济环境,整顿经济秩序。到时汽车行业可能会受到冲击,销售量可能会下降。在进行筹资和投资时应考虑这一因素,否则盲目上马,后果将是十分严重的。

公司的销售副总经理李立认为:治理整顿不会影响该公司的销售量。这是因为该公司生产的轻型货车和旅行车,几年来销售情况一直很好,畅销全国29个省、市、自治区,市场上较长时间供不应求。在近几年全国汽车行业质量评比中,轻型客车连续夺魁,轻型货车两年获第一名,一年获第二名。治理整顿可能会引起汽车滞销,但这只可能限于质次价高的非名牌产品,该公司的几种名牌汽车仍会畅销不衰。

来自某大学的财务学者郑教授听了大家的发言后指出:以16.5%的股息率发行优先股不可行,因为发行优先股所花费的筹资费用较多,把筹资费用加上以后,预计利用优先股筹集资金的资金成本将达到19%,这已高出公司税后资金利润率,所以不可行。但若发行债券,由于利息可在税前支付,实际成本大约在9%左右。他还认为,目前我国正处于通货膨胀时期,利息率比较高,这时不宜发行较长时期的具有固定负担的债券或优先股股票,因为这样做会长期负担较高的利息或股息。所以,郑教授认为,应首先向银行筹措1亿元的技术改造贷款,期限为1年,1年以后,再以较低的股息率发行优先股股票来替换技术改造贷款。

财务副总经理王超听了郑教授的分析后,也认为按16.5%发行优先股,的确会给公司造成沉重的财务负担。但他不同意郑教授后面的建议，他认为，在目前条件下向银行筹措1亿元技术改造贷款几乎不可能；另外，通货膨胀在近1年内不会消除，要想消除通货膨胀，利息率有所下降，至少需要两年时间。1年后利息率可能还要上升，两年后利息率才会保持稳定或略有下降。

案例思考：

1. 本案例中涉及哪些筹资方式？
2. 你认为总经理最后会选择哪种筹资方式，为什么？
3. 本案例对你有哪些启示？

第四章 流动资产管理

【学习内容及目的】

本章主要介绍现金、应收账款和存货这几种重要流动资产的管理方法。通过本章学习，学生应理解流动资产的概念及特点，理解这几种重要流动资产的持有动机及成本，掌握现金最佳持有量的确定方法，掌握存货经济批量的确定方法。

第一节 流动资产管理概述

一、流动资产的概念及意义

流动资产是指可以在一年或者超过一年的一个营业周期内变现或耗用的资产，主要包括现金、银行存款、短期投资、应收及预付款项、存货、待摊费用等资产。流动资产对企业的生产经营活动具有极为重要的意义。如果企业的流动资产不足，会造成企业经营活动发生困难，甚至停业或倒闭；如果流动资产过多，又可使企业的资金成本（持有成本）上升，从而使企业的资金效益下降，实际利润下降。因此，加强流动资产管理可以确保企业生产经营周转的正常进行，从而保证企业在盈利的基础上不断发展。

二、流动资产的特点

同固定资产相比，流动资产有以下特点。

1.流动资产的周转具有短期性。企业投放于流动资产上的资金，周转一次所需时间较短，通常会在一年或一个营业周期内收回，对企业影响的时间比较短。根据这一特点，投放于流动资产上的资金可以采用商业信用、银行流动资金借款等短期筹资方式来加以解决。

2.流动资产具有容易变现性。短期投资、应收账款、存货等流动资产一般具有较强的变现能力。如果由于一些特殊原因，企业出现资金周转不灵、现金短缺时，便可以较快地变卖这些资产以获取现金，维持企业正常生产对现金的需要。

3.流动资产的数量具有波动性。流动资产在企业再生产过程中，其数量会随着企业内外部条件的变化而变化，时高时低，起伏不定，具有波动性。季节性企业如此，非季节性企业也是如此。

4.流动资产循环与生产经营周期具有一致性。企业的生产经营过程,也是物化劳动和活劳动的消耗过程,完成一次生产经营周期,流动资产也完成一次循环。所以,流动资产完成一次循环的时间与生产经营周期具有一致性。生产经营周期决定着资金循环时间,而流动资产周转又综合反映企业供产销全过程。

三、流动资产的分类

为了方便管理,应该对企业的流动资产进行科学的分类。按资产的占用形态,流动资产可以分为以下几种。

1.现金。是指可以立即用来购买物品、支付各项费用或用来偿还债务的交换媒介或支付手段。主要包括库存现金和银行活期存款,有时也将短期或到期的票据看作现金。

2.短期投资。是指各种准备随时变现并且持有时间不准备超过一年(含一年)的投资。包括股票、债券、基金等,其中主要是指有价证券投资。

3.应收及预付账款。是指企业发生的各种债权,包括应收票据、应收账款、其他应收款和预付货款。

4.存货。是指企业持有的各种材料、商品、在产品、半成品、产成品等。

上述分类可以用来计算流动资产需要量和分析流动资产周转的情况, 有利于企业财务合理组织生产经营活动中流动资金的供应和管理。

第二节 现金管理

现金有广义和狭义之分。广义的现金是指生产过程中以货币形态存在的资金,包括库存现金、银行存款和其他货币资金等。 狭义的现金仅指库存现金。本章所讲的现金是广义的现金。

现金是企业流动性和支付能力最强的资金,是满足企业日常经营支付、偿还到期债务本息、履行纳税义务的重要保证。同时,现金又是一种非盈利性资产,持有量过多,势必造成现金管理成本的上升,也会降低资金的获利能力。因此,企业既要满足日常活动对现金的需要,又要避免过多现金造成的闲置浪费。

一、企业持有现金的动机与成本

(一)现金的持有动机

企业持有一定数量的现金主要是为了满足交易性需要、预防性需要和投机性需要。

1.交易性需要

交易性需要是指企业为满足日常业务而持有一定量的现金。企业为了组织日常生产经营活动,需要持有一定数量的现金,如用于购买原材料、支付工资、缴纳税款、偿付到期债务、派发现金股利等。企业经常有收入,也经常发生支出,但两者不可能同步同量。收入多于支出形成现金存置;收入少于支出形成现金短缺,需要补充现金不足。企业只有保持适当的现金余额,才能使业务正常地进行下去。

2.预防性需要

预防性需要是指企业为应付意外情况而持有一定量的现金。企业在生产经营活动过程中会有许多意外事件发生。例如,地震、水灾等自然自害,生产事故,安全事故,主要客户未能及时付款等。这些意外事件,往往会打破企业原有的现金预算,需要立即支付现金,从而使现金流量具有一定的不确定性。现金流量的不确定性越大,预防性现金的数额也就越大;反之,企业现金流量的可预测性强,预防性现金数额就会小一些。此外,预防性现金数额与企业的筹资能力有关,如果企业能够随时得到短期资金,就可以适当降低预防性现金的数额;如果企业筹资能力有限,则应扩大该笔资金的数额。

3.投机性需要

投机性需要是指企业为抓住转瞬即逝的购买机会而持有一定量的现金。例如,遇到廉价原材料或其他资产供应的机会,便可以利用手头现金大量购买;再如,在适当的时机购入价格合适的股票,在其价格上涨时卖出来获得高额收益等。当然,一般来讲,除了金融和投资公司外,其他企业专门为投机性需要而特殊存置的现金并不多,遇到不寻常的购买机会也常常设法临时筹集资金。

需要注意的是,企业持有的现金总额并不等于上面各种动机所需现金余额的简单相加,前者通常小于后者。而且我们所需的现金并不要求必须是货币形态,也可以是能够随时变现的有价证券或者能够随时转换成现金的其他各种存在形态,如可随时借入的银行信贷资金等。

【知识链接】

富翁与乞丐的故事

某富翁遇到一个乞丐,看到其衣衫单薄,动了恻隐之心。掏钱时发现身上只有一张100元,想到把钱给了乞丐自己午饭怎么解决,就把价值1000元的大衣脱下来送给乞丐。可是乞丐接过来后又马上还给他说:“你还是给我现金吧,衣服不能拿去买饭吃!”这回富翁没办法,只好把仅有的100元给了乞丐,于是饿了一中午……

故事说明了什么道理?

【小插曲】你能想象一下:没有现金企业会有多少麻烦吗?

股东——没钱可以分;

供应商——不愿供应原材料;

银行——不愿意贷款;

债权人——催债；

财税部门——税款交不起被罚款；

员工——工资拖欠导致人才流失。

最后——破产！

(二)持有现金的成本

企业持有现金的成本通常包括管理成本、机会成本、转换成本和短缺成本四部分。

1.管理成本

管理成本是指企业因保留一定的现金余额而增加的管理费用。企业持有现金会发生管理费用，如管理人员的工资、安全措施费等。这部分成本具有固定成本性质，与现金持有量的多少关系不大，可以看作是决策的无关成本。

2.机会成本

机会成本指企业因保留一定的现金余额而丧失的再投资收益。再投资收益是企业不能同时用该现金进行有价证券投资所产生的机会成本。假定企业的资本收益率为10%，年均持有50万元的现金，则该企业每年现金的机会成本为5万元。这部分成本属于变动成本，与现金持有量成正比例关系，随着现金持有量的增加而增加。

3.转换成本

转换成本是指企业用现金购入有价证券以及转让有价证券换取现金时付出的交易费用，如委托买卖佣金、委托手续费、证券过户费、实物交割手续费等。

4.短缺成本

短缺成本是指企业在现金持有量不足而又无法及时通过有价证券变现加以补充而使企业蒙受的损失。内容大致包括：丧失购买的机会(甚至会因缺乏现金不能及时购买原材料而使生产中断造成停工损失)、造成信用损失和得不到折扣的好处。其中，失去信用而造成的损失难以准确计量，但其影响很大，可能导致供货方拒绝或延迟供货。这部分成本属于变动成本，与现金持有量成反比例关系，随现金持有量的增加而减少。

二、最佳现金持有量的确定

基于上述现金持有的需要，企业必须保持一定数量的现金余额。但是现金作为非盈利性资产，其数额过多会导致企业盈利水平下降；其数额过少，又可能出现现金短缺，不能够满足企业对现金的需要，影响生产经营。因此，必须确定企业最佳现金持有量。

我们可以采用下面几种方法确定最佳现金持有量：成本分析模式、存货模式和现金周转期模式。

(一)成本分析模式

成本分析模式，是根据现金有关成本，分析预测其总成本最低时现金持有量的一种方法。运用成本分析模式确定现金最佳持有量，只考虑因持有一定量的现金而产生的机会成本及短缺成本，而不考虑固定的管理成本和转换成本。

现金成本与持有量之间的关系如图4-1所示。

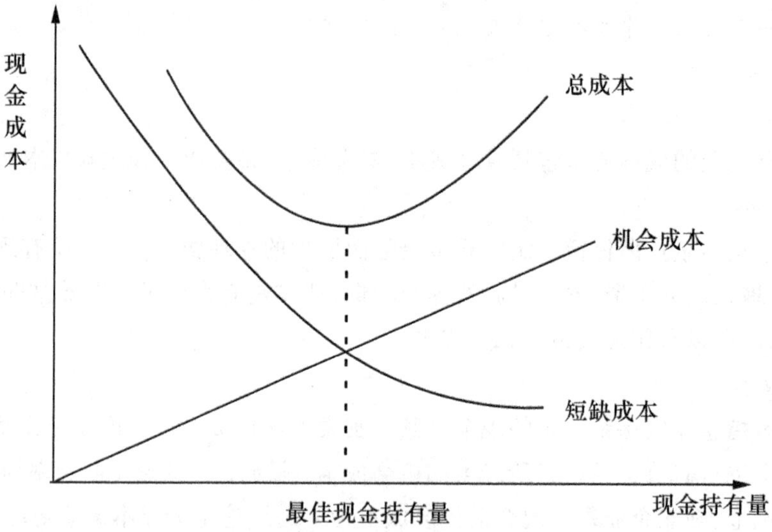

图4-1 成本分析模式示意图

从图4-1可以看出,机会成本随着现金持有量的增加而增加,机会成本线向右上方倾斜;短缺成本随着现金持有量的增加而减少,短缺成本线向右下方倾斜;总成本线便是一条抛物线,该抛物线的最低点即为成本最低点,该点所对应的现金持有量便是最佳现金持有量。

最佳现金持有量的具体计算,可以先分别计算出各种方案的机会成本、管理成本、短缺成本及其和,再从中选出成本之和最低的现金持有量,则该现金持有量就是最佳现金持有量。

【例4-1】鑫源公司现有甲、乙、丙、丁四种现金持有方案,已知目前市场平均机会成本率是8%,有关成本资料如表4-1所示。

表4-1 现金持有量备选方案表

单位:元

项目	甲	乙	丙	丁
现金持有量	30 000	40 000	50 000	60 000
管理成本	2000	2000	2000	2000
短缺成本	3000	1000	500	0

根据表4-1,可采用成本分析模式编制该企业最佳现金持有量测算表,如表4-2所示。

表4-2　最佳现金持有量测算表　　单位:元

项目	甲	乙	丙	丁
现金持有量	30 000	40 000	50 000	60 000
管理成本	2000	2000	2000	2000
短缺成本	3000	1000	500	0
机会成本	30 000×8%=2400	40 000×8%=3200	50 000×8%=4000	60 000×8%=4800
总成本	7400	6200	6500	6800

通过分析比较表4-2中各方案的总成本可知,乙方案的相关总成本最低。因此,企业应该选择相关总成本最低时对应的现金持有量,即该企业的最佳现金持有量为40 000元。

(二)存货模式

存货模式,是将现金看作企业的一种特殊存货,按照存货管理中的经济批量法的原理,确定企业现金最佳持有量的方法。这一模式最早是由美国经济学家鲍莫尔(Baumol)于1952年首先提出的,故又称为“鲍莫尔模型”。

存货模式的基本原理也是现金相关总成本最小化。在现金成本中,管理成本相对稳定,同现金持有量的多少关系不大,因此在存货模式中将其视为决策无关成本而不予考虑;另外,由于现金短缺成本的不确定性和难以计量性,在存货模式中对短缺成本也不予考虑。因此,存货模式中只考虑机会成本和固定性转换成本。由于机会成本和固定性转换成本随着现金持有量的变动呈现出相反的变动趋向,即机会成本随着现金持有量的增大而增大,而转换成本随着现金持有量的增大而减小,因而能够使现金管理的机会成本与固定性转换成本之和保持最低的现金持有量,即为最佳现金持有量。用公式表示:

现金持有成本=机会成本+转换成本

=现金平均持有量×有价证券利息率+转换次数×有价证券每次转换成本

即:$TC=(Q/2)K+(T/Q)F$。

TC为现金管理相关总成本,Q为最佳现金持有量(每次证券变现的数量),K为有价证券利息率(机会成本),T为一定时期内现金总需求量,F为每次转换有价证券的固定成本。根据该公式求一阶导数,得到现金持有总成本最低时的现金最佳持有量公式:

$$\text{最佳现金持有量}(Q)=\sqrt{\frac{2\times\text{计划年度现金总需求量}\times\text{证券每次转换费用}}{\text{证券利息率}}}=\sqrt{\frac{2TF}{K}}$$

【例4-2】鑫源公司预计一年经营所需现金300万元,企业现金支出过程较为稳定,资金不足时准备用短期有价证券变现取得,平均每次证券固定转换费用为60元,证券的市场年利率为10%。要求利用存货模式计算该公司最佳现金持有量。

解：最佳现金持有量$(Q)=\sqrt{\frac{2\times \text{计划年度现金总需求量}\times \text{证券每次转换费用}}{\text{证券利息率}}}=\sqrt{\frac{2TF}{K}}$

$$=\sqrt{\frac{2\times 3\ 000\ 000\times 60}{10\%}}=60\ 000(\text{元})$$

(三)现金周转期模式

现金周转期模式，是从现金周转的角度出发，根据企业现金的周转速度来确定最佳现金持有量的方法。其步骤是：

1.计算现金周转期。现金周转期，是指企业从购买原材料支付现金至产品销售收回现金所需的时间，即企业从支付应付账款时现金流出至收回应收账款时现金流入这段时间。如图4-2所示。

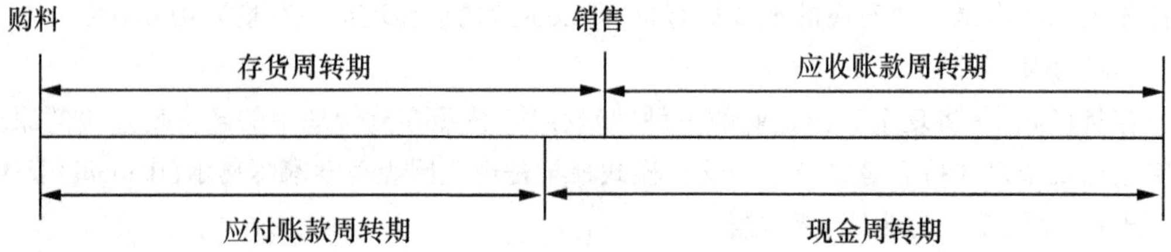

图4-2 现金周转期示意图

其计算公式为：

现金周转期=存货周转期+应收账款周转期-应付账款周转期

2.计算现金周转率。现金周转率，是指现金在一定时期(通常为一年)内的周转次数。其计算公式为：

$$\text{现金周转率}=\frac{360}{\text{现金周转期}}$$

3.计算最佳现金持有量。其计算公式为：

$$\text{最佳现金持有量}=\frac{\text{计划年度现金总需求量}}{\text{现金周转率}}$$

【例4-3】鑫源公司预计全年需要现金180万元，预计存货周转期为60天，应收账款周转期为45天，应付账款周转期为25天，要求计算该公司最佳现金持有量。

现金周转期=60+45-25=80(天)

现金周转率=360÷80=4.5(次)

最佳现金持有量=180÷4.5=40(万元)

三、现金的日常管理

管理好现金，是企业盘活资金、解决资金紧张问题的有效途径之一。企业的现金流量已经成为评价企业信誉、企业发展潜力和进行企业价值评估的重要指标。在很多地方，银行开始把企业现金流量情况作为是否给企业提供信贷的重要依据。可见，加强现金管理也是保持企业可持续发展的必然要求。

企业可以从加速现金收回和控制现金支出两个方面进行现金日常管理。

(一)加速现金收回

为了提高现金的使用效率,加速现金周转,企业应在不影响销售规模的情况下,尽量加速现金收回。企业加速收款不仅在于尽量让客户早付款,而且还要尽快地将这些付款转化为现金。为了达到这些要求,企业可使用以下方法。

1.银行业务集中法

银行业务集中法是指通过设立多个收款中心来代替通常在公司总部设立的单一收款中心,以加速账款收回的一种方法。其目的是缩短从顾客寄出账款到现金收入企业账户这一过程的时间。具体做法是:(1)企业指定一个主要开户行(通常是公司总部所在地)为集中银行,并在收款额较集中的若干地区设立若干个收款中心。(2)公司通知付款的客户将货款送到最近的收款中心。(3)收款中心将每天收到的货款存到当地银行。(4)当地银行再立即转给企业总部所在地银行。

该方法大大缩短了现金从客户到企业的中间周转时间, 但在多处设立收款中心需要一定的人力和物力,增加了相应的费用支出。因此,企业应在权衡利弊得失的基础上,做出是否采用银行业务集中法的决策。

2.邮政信箱法

邮政信箱法又称锁箱系统,是通过承租多个邮政信箱,以缩短从收到顾客付款到存入当地银行所需时间的一种现金管理办法。具体做法是:(1)在业务比较集中的地区租用当地加锁的专用邮政信箱。(2)通知顾客把所付款项邮寄到指定的邮政信箱。(3)邮政信箱所在地的开户行每日开启信箱,将收取的客户支票立即予以结算,并通过电汇存入公司账户。

该方法免除了公司办理收账、货款存入银行的一切手续,缩短了公司从收到支票到这些支票完全存入银行之间的时间。但由于银行为此提供了多项服务,要求有相应的报酬,这就需要公司支付额外的费用。因此,是否采用邮政信箱法要看节约资金带来的收益与额外支出的费用孰大孰小。

(二)控制现金支出

控制现金支出就是尽量延缓现金支出的时间,企业可使用以下方法。

1.合理利用现金"浮游量"

现金"浮游量"是指企业账户上现金余额与银行账户上列示的存款余额之间的差额。因为从企业开出支票,到收款人将支票送存银行,再到银行将款项划出企业的账户,这通常需要一定的时间,所以有时候,公司账户上的现金余额已为零或负数,而银行账户上该公司的现金余额还有不少。利用现金的浮游量,公司可适当减少现金数量,达到现金节约的目的。但是,一个公司的利益,就是另一个公司的损失,因而,利用浮游量往往对供应商不利,有可能破坏公司和供应商之间的关系,这一因素应加以考虑。

2.推迟支付应付款

企业可在不影响信誉的情况下,尽可能推迟应付款的支付时间。例如,企业在采购货物时,销货方的付款条件是:"付款期限是50天,如果购货方在10天之内付款,销货方给予货款总额2%的优惠。"如果企业资金宽裕,应争取享受2%的优惠,在发票开出日期后的第10天付款,这样,企业可以最大限度地利用现金而又不丧失现金折扣优惠;如果企业资金较紧张,无法享受优惠,则应在第50天付款。

第三节 应收账款管理

应收账款是指因对外销售产品、材料、提供劳务及其他原因,应向购货单位或接受劳务的单位及其他单位收取的款项,包括应收销售款、其他应收款、应收票据等。

应收账款是企业流动资产中的一个重要项目,是商业信用的直接产物。随着市场经济的不断发展,商业竞争的日趋激烈,企业的应收账款数额明显增多,因此,应收账款管理已成为流动资产管理中的重要课题。

一、应收账款的功能与成本

(一)应收账款的功能

1.促进销售

在市场经济条件下,存在着激烈的商业竞争。竞争机制的作用迫使企业以各种手段扩大销售。除了依靠产品质量、价格、售后服务、广告等外,赊销也是扩大销售的手段之一。对于同等的产品价格、类似的质量水平、一样的售后服务,实行赊销产品的销售额将大于现金销售产品的销售额。企业以赊销方式招揽顾客扩大销售,增加利润,特别是在产品销售不畅、市场萎缩、竞争不利的情况下,这显得更为重要。

2.减少存货

赊销可以加快库存商品销售的速度,加快库存商品向销售收入的转化速度,降低库存商品的数量,从而降低库存商品的管理费、仓储费和保险费等支出。

(二)应收账款的成本

应收账款的成本是指企业持有一定应收账款所付出的代价。主要包括:机会成本、管理成本和坏账成本。

1.机会成本

应收账款的机会成本就是指企业资金因投放于应收账款而放弃的其他收入。企业资金如果不投放于应收账款,便可用于其他投资并获得收益,比如投资于有价证券便会有利息收入。

2.管理成本

应收账款的管理成本就是指企业对应收账款进行日常管理所耗费的各种费用,主要包括:对客户的资信调查费用、应收账款账簿记录费用、催收账款的费用、收集相关信息的费用、其他相关费用。

3.坏账成本

应收账款的坏账成本就是指应收账款因故不能收回而给企业带来的损失。坏账成本一般与应收账款的数量成正比,即应收账款越多,坏账成本也就越大。为避免坏账成本给企业生产经营活动的稳定性带来不利影响,企业应按规定提取一定的坏账准备。

二、企业应收账款政策的制定

应收账款政策又称信用政策,是企业对应收账款进行规划和控制的一些原则性规定。企业赊销效果的好坏,依赖于企业信用政策制定的好坏。信用政策包括:信用期间、信用标准和现金折扣。

(一)信用期间

信用期间是企业允许顾客从购货到付款之间的时间,或者说是企业给予顾客的付款期间。例如,若某企业允许顾客在购货后的50天内付款,则信用期为50天。信用期过短,不足以吸引顾客,在竞争中会使销售额下降;信用期过长,对销售额增加固然有利,但相应的费用也会增长,有时所得的收益会被增长的费用抵消,甚至造成利润减少。因此,企业必须慎重研究,确定出恰当的信用期间。

(二)信用标准

信用标准是指客户获得企业的商业信用所应具备的最低条件。如果客户达不到信用标准,企业就不向其提供赊销,或给予较少的信用优惠。企业信用标准的高低将会直接影响企业的销售收入和销售利润。如果企业的信用标准较严格,仅对信用卓著的客户给予赊销待遇,其结果一方面可以减少企业坏账损失,降低应收账款的机会成本;另一方面将丧失一部分来自信用较差客户的销售收入和销售利润。这就要求企业权衡得失,较为准确地对不同客户规定相应的信用标准。

(三)现金折扣

现金折扣是企业对顾客在商品价格上所做的扣减。向顾客提供这种价格上的优惠主要目的在于吸引顾客为享受价格上的扣减而提前付款,缩短企业应收账款的收款期。现金折扣常采用“现金折扣/折扣期限、n/信用期限”的表示方式,如“5/10、3/20、n/30”的形式:5/10表示如果购货方在10天内付款,可享受5%的价格优惠,即只需支付原价的95%(如果原价为10 000元,只需支付9500元);3/20表示20天内付款,可享受3%的价格优惠,即只需支付原价的97%(若原价为10 000元,只支付9700元);n/30表示付款的最后期限是30天,此时付款无优惠。

现金折扣能给企业带来收益,但也会增加成本。它使企业增加的成本,指的是价格折扣损失,即购货方选择享受折扣,而使我方收入减少带来的损失。当企业给予顾客某种现金折扣时,应当考虑折扣所能带来的收益与成本孰高孰低,权衡利弊,进行抉择。

三、应收账款的日常管理

在应收账款政策建立起来以后,企业还要做好应收账款的日常管理工作。一般情况下,应做好以下方面工作。

(一)企业的信用调查

信用调查是指搜集和整理反映顾客信用状况有关资料的一项工作。它是企业应收账款日常管理的基础,也是正确评价顾客信用的前提条件。信用调查可以分为直接调查和间接调查两种。

1.直接调查。是指企业调查人员直接与被调查单位接触,通过当面询问、观看、记录等方式获取信用资料的方法。这种方法能保证搜集资料的准确性和及时性。

2.间接调查。是指以被调查单位以及其他单位保存的有关原始记录和核算资料为基础,通过加工整理获得被调查单位信用资料的方法。这些资料主要来源于以下几个方面。

(1)财务报表。有关单位的财务报表,是信用资料的重要来源。通过财务报表分析,基本上能掌握一个企业的财务状况和盈利情况。

(2)信用评估机构的资料。我国的信用评估机构目前有三种类型:一是独立的社会评估机构;二是中国人民银行负责组织的评估机构;三是由专业银行组织的评估机构。在评估等级方面,目前主要有两种:一种采用三类九级制(把企业信用情况分为AAA、AA、A、BBB、BB、B、CCC、CC、C九等,AAA为最优等级,C为最差等级),另一种采用三级制(把企业信用情况分成AAA、AA、A)。专门的信用评估机构通常评估方法先进,评估调查细致,评估程序合理,公布的资料可信度较高。

(3)银行的资料。银行是信用资料的一个重要来源,许多银行都设有信用部,为其顾客提供服务。但银行的资料一般只愿意在同业之间交流,而不愿向其他单位提供。

(4)其他资料。除以上几方面资料外,其他一些部门,如财政部门、税务部门、消费者协会、工商管理部门、企业的上级主管部门、证券交易部门等,也是信用资料的重要来源。

(二)企业的信用评估

企业在设定某一客户的信用标准时,往往要对客户进行了解评估,常用的是5C评估法和信用评分法。

1.5C评估法

5C评估法是指重点分析影响客户信用的五大因素的一种方法。这五大因素的英文都以C开头,故称之为5C评估法。这五个方面是:品质(Character)、能力(Capacity)、资本(Capital)、抵押(Collateral)和条件(Conditions)。具体内容是:

(1)品质。品质是指顾客的信誉,即履行偿债义务的可能性。企业必须设法了解顾客过去的付款记录,看其是否有按期付款的一贯做法,以及与其他供货企业的关系是否良好。这一点经常被视为评价顾客信用的首要因素。

(2)能力。能力是指顾客的偿债能力,即流动资产的数量和质量以及与流动负债的比例。

一般流动资产越多,转化为现金支付款项的能力越强。

(3)资本。资本是指顾客的财务实力和财务状况,表明顾客可能偿还债务的背景。

(4)抵押。抵押是指顾客拒付款项或无力支付款项时能被用作抵押的资产。这对于不知底细或信用状况有争议的顾客尤为重要。一旦收不到这些顾客的款项,便以抵押品抵补。如果这些顾客提供足够的抵押,就可以考虑向他们提供相应的信用。

(5)条件。条件是指可能影响顾客付款能力的经济环境。

2.信用评分法

信用评分法是先对一系列财务比率和信用情况指标进行评分,然后进行加权平均,得出顾客的信用分数,并以此进行评估的一种方法。

在采用信用评分法进行信用评估时,一般情况下,信用评分在80分以上的,说明顾客的信用状况良好;信用评分在60~80分的,说明顾客的信用状况一般;信用评分在60分以下的,说明顾客的信用状况较差。

(三)分析应收账款账龄

企业应收账款能否收回以及能收回多少,不一定完全取决于时间的长短,但一般说来,账款被拖欠的时间越长,发生坏账的可能性越大。账龄分析就是将所有赊销客户的应收账款的实际归还期编制成表,汇总反映其信用分类、账龄、比重、损失金额等。账龄分析表是显示应收账款在外天数(账龄)长短的报告。通过账龄分析表,可以分析如下几点:

(1)有多少账款尚在信用期内。由于这部分款项没有超过信用期,属正常欠款,但到期后能否收回还应具体分析,故应及时控制。

(2)有多少账款已超过信用期,超过时间不等的款项各占多少,有多少欠款最终形成坏账。

(四)收回应收账款

1.确定合理的收账程序。催收账款的程序一般是:信函通知,电话催收,派人面谈,法律行动。

2.确定合理的讨债方法。客户拖欠货款的原因可能比较多,但可概括为两类:无力偿付和故意拖欠。

无力偿付是指客户因经营管理不善,财务出现困难,没有资金偿付到期债务,对这种情况应进行具体分析。如果客户确实遇到暂时困难,经过努力可以东山再起,企业应帮助顾客渡过难关,以便收回较多的账款;如果顾客遇到严重困难,已达破产界限,无法恢复活力,则应及时向法院起诉,以期在破产清算时得到债权的部分清偿。

故意拖欠是指客户虽然有能力付款,但为了无偿使用资金或其他目的,想方设法不付款。这时则需要确定合理的讨债方法,以达到回笼账款的目的。常见的讨债对策有:讲理法、恻隐术法、疲劳战术法、激将法、软硬兼施法等。

(五)预计坏账损失,计提坏账准备

不管企业制定了多么合理的信用政策,对应收账款的催收方法多么完备,但还总是会有一部分应收账款收不回来,形成坏账损失,给企业带来风险。为此,企业就需要预计坏账损失,计提坏账准备。

【小插曲】按照国家现行制度规定,确认坏账损失的标准主要有两条:(1)因债务人破产或死亡,依照民事诉讼以其破产财产或遗产(包括义务承担人的财产)清偿后,仍确实无法收回的应收账款。(2)经主管财政机关核准的债务人逾期未履行的偿债义务超过三年仍无法收回的应收款项。只要企业的应收账款现状符合上述任何一个条件,均可作为坏账损失处理。对应收账款坏账损失的确定,企业可遵循谨慎性原则,预先估计坏账损失的可能性,建立弥补坏账损失的准备金制度。坏账准备金的提取比率及提取数额应按照现行财务制度的规定进行,必要时运用会计职业判断,计提坏账准备。

第四节 存货管理

存货是指企业在日常生产经营过程中持有以备出售,或者仍然处在生产过程,或者在生产或提供劳务过程中将消耗的材料或物料等。存货主要包括各类材料、商品、在产品、半成品、产成品等。

一、存货的功能与成本

(一)存货的功能

存货的功能是指存货在企业生产经营过程中所具有的作用,主要表现在以下几方面。

1.防止停工待料

适量的原材料存货和在产品、半成品存货是企业生产正常进行的前提和保障。就企业外部而言,供货方的生产和销售往往会因某些原因而暂停或推迟,从而影响企业材料的及时采购、入库和投产。就企业内部而言,有适量的半成品储备,能使各生产环节的生产调度更加合理,各生产工序步调更为协调,联系更为紧密,不至于因等待半成品而影响生产。可见,适当的存货能有效防止停工待料事件的发生,维持生产的连续性。

2.适应市场变化

存货储备能增强企业在生产和销售方面的机动性以及适应市场变化的能力。企业有了足够的库存产成品,能有效地供应市场,满足顾客的需要。相反,若某种畅销产品库存不足,将会坐失目前的或未来的推销良机,并有可能因此失去顾客。

3.降低进货成本

很多企业为扩大销售规模,对购货方提供较优厚的商业折扣待遇,即购货达到一定数量时,便在价格上给予相应的折扣优惠。企业采取批量集中进货,可获得较多的商业折扣。通过增加每次购货数量,减少购货次数,可以降低采购费用支出。

4.维持均衡生产

对于那些所生产产品属于季节性产品,生产所需材料的供应具有季节性的企业,为实行均衡生产,降低生产成本,就必须适当储备一定的半成品存货或保持一定的原材料存货。其他企业在生产过程中,同样会因为各种原因导致生产水平的高低变化。拥有合理的存货可以缓冲这种变化对企业生产活动及获利能力的影响。

(二)存货的成本

储存一定量的存货,必定会发生一定的成本支出,这就是存货成本。它包括以下内容。

1.取得成本

取得成本是指存货的进货成本,主要由存货进价和进货费用两个方面构成。其中,存货进价又称购置成本,是指存货本身的价值,等于采购单价与采购数量的乘积。在一定时期存货的进价成本通常是保持相对稳定的,因而属于决策无关成本。进货费用又称订货成本,是指企业为组织进货而开支的费用。如与材料采购有关的办公费、差旅费、邮资、电话电报费、运输费、检验费、入库搬运费等支出。进货费用有一部分与订货次数有关,如差旅费、邮资电话电报费等费用与进货次数成正比例变动, 这类变动性进货费用属于决策的相关成本。

2.储存成本

储存成本是指企业为持有存货而发生的费用,主要包括:机会成本(以现金购买存货而同时损失的证券投资收益等)、仓储费用、保险费用、存货残损霉变损失等。变动性储存成本随着存货储存数额的增减成正比例变动关系, 如存货资金的应计利息、存货残损和变质损失、存货的保险费用等,这类成本属于决策的相关成本。

3.缺货成本

缺货成本是指因存货不足而给企业造成的损失, 包括由于材料供应中断造成的停工损失、成品供应中断导致延误发货的信誉损失及丧失销售机会的损失等。

二、存货经济批量的确定

存货经济批量是指通过合理的进货批量和进货时间, 使存货的储存成本和订货成本总和达到最低时的采购批量。

为了确定经济批量,可以采用逐批测试法和公式法进行计算。

(一)逐批测试法

【例4-4】鑫源公司全年需要某材料2400件,每次的订货成本为800元,每件的年储存成本为6元,则鑫源公司的该种材料存货最佳经济订货批量是多少?

表4-3 经济批量逐批测试表

项目	各种批量					
订货批数①(批)	1	2	3	4	5	6
订货批量②=2400/①(件)	2400	1200	800	600	480	400
年储存成本③=②/2×6(元)	7200	3600	2400	1800	1440	1200
年订货成本④=①×800(元)	800	1600	2400	3200	4000	4800
年总成本合计⑤=③+④(元)	8000	5200	4800	5000	5440	6000

从表4-3中可以看出，每批采购800件，一年采购3次，全年的订货成本和储存成本之和最低，所以800件为该材料的最佳订货批量，即经济批量。

(二)公式法

由于企业不允许缺货，即每当存货量降至零时，下一批订货便会随即全部购入，故不存在缺货成本。此时与存货订购批量、批次直接相关的就只有相关取得成本和相关储存成本两项。用公式表达为：

存货相关总成本=订货成本+储存成本

$$TC=\frac{A}{Q}\times B+\frac{Q}{2}\times C$$

TC为存货相关总成本，Q为经济进货批量，A为年度存货总需求量，B为平均每次订货费用，C为单位年储存成本。根据该公式求一阶导数，得到存货相关总成本最低时的经济进货批量公式：

$$\text{经济进货批量}(Q)=\sqrt{\frac{2\times\text{计划年度存货总需求量}\times\text{平均每次订货费用}}{\text{单位年储存成本}}}=\sqrt{\frac{2AB}{C}}$$

【例4-5】鑫源公司全年需耗用甲材料5000千克，该种材料单位采购成本为20元，平均每次订货成本为50元，单位年储存成本为2元，要求计算该公司的经济进货批量、经济批量下的存货相关总成本和经济批量下的订货成本和储存成本。

解：(1)$\text{经济进货批量}(Q)=\sqrt{\frac{2\times\text{计划年度存货总需求量}\times\text{平均每次订货费用}}{\text{单位年储存成本}}}=\sqrt{\frac{2AB}{C}}$

$$=\sqrt{\frac{2\times5000\times50}{2}}=500$$

(2)经济批量下的存货相关总成本$(TC)=\frac{A}{Q}\times B+\frac{Q}{2}\times C=\frac{5000}{500}\times50+\frac{500}{2}\times2=1000$(元)

(3)订货成本$=\frac{A}{Q}\times B=\frac{5000}{500}\times50=500$(元)

(4)储存成本$=\frac{Q}{2}\times C=\frac{500}{2}\times2=500$(元)

三、存货的日常管理

存货日常管理的目标是在保证企业生产经营正常进行的前提下尽量减少库存，防止积压。实践中常用的管理方法有存货ABC分类管理法和存货归口分级管理法。

（一）存货ABC分类管理法

企业存货品种繁多，尤其是大中型企业的存货往往多达上万种甚至数十万种。实际上，不同的存货对企业财务目标的实现具有不同的作用。有的存货尽管品种数量很少，但金额巨大，如果管理不善，将给企业造成极大的损失。相反，有的存货虽然品种数量繁多，但金额微小，即使管理当中出现一些问题，也不至于对企业产生较大的影响。因此，无论是从能力还是经济角度，企业均不可能也没有必要对所有存货不分巨细地严加管理。ABC分类管理正是基于这一考虑而提出的，其目的在于使企业分清主次，突出重点，以提高存货资金管理的整体效果。

存货ABC分类管理法就是指按照一定的标准，将企业的存货划分为A、B、C三类，分别实行分品种重点管理、分类别一般控制和按总额灵活掌握的存货管理方法。分类的标准主要有两个：一是金额标准，二是品种数量标准。其中金额标准是最基本的，品种数量标准仅作为参考。

A类存货金额巨大，但品种数量较少；B类存货金额一般，但品种数量相对较多；C类存货数量繁多，但价值却很小。一般而言，三类存货的金额比重大致为A:B:C=7:2:1，品种数量比重大致为A:B:C=1:2:7。如一个拥有上万种商品的现代化商场，其中家用电器、高档皮货、家具、摩托车、大型健身器械等商品的品种数量并不很多，但价值额却相当大，应划为A类。大众化的服装、鞋帽、床上用品等商品品种数量比较多，但价值相对A类商品要小得多，应划为B类。至于各种小百货，如日常卫生用品及其他日杂用品等，品种数量非常多，但所占金额却很小，应划为C类。

（二）存货的归口分级管理

存货的归口分级管理是存货日常管理的一种重要方法。主要包括以下三项内容。

1.财务部门对存货资金实行统一管理。财务部门的统一管理主要包括：(1)根据国家财务制度和企业具体情况，制定企业存货资金管理的各种制度；(2)认真测算各种存货的资金占用额，汇总编制存货资金计划；(3)把有关计划指标进行分解，落实到供、产、销各个归口部门；(4)对所属各部门的存货资金运用情况进行检查和分析，统一考核存货资金的使用信息。

2.实行存货资金的归口管理。根据使用资金和管理资金相结合，物资管理和资金管理相结合的原则，每项资金由哪个部门使用，就归哪个部门管理。分工如下：(1)原材料、燃料、包装物等占用资金归供应部门管理；(2)在产品和自制半成品占用资金归生产部门管理；(3)产成品占用资金归销售部门管理；(4)工具用具占用资金归工具部门管理；(5)修理用备件占用的资金归设备动力部门管理。

3.实行存货资金的分级管理。各归口的管理部门要根据具体情况将资金计划指标进行分解，分配给所属单位或个人，层层落实，实行分级管理。分解过程如下：(1)原材料资金计划指标可分配给供应计划、材料采购、仓库保管、整理准备各业务部门管理；(2)在产品资金计划指标可分配给各车间、半成品库管理；(3)产成品资金计划指标可分配给销售、仓库保管、产成品发运各业务部门管理。

【案例分析1】

四川长虹巨额海外坏账

2005年4月16日四川长虹披露的2004年报报出巨额亏损，2004年亏损达36.81亿元，相当于该公司上市10年来净利润的40%。造成亏损的主要原因是计提坏账准备3.1亿美元。这是由于该公司出口业务合作方——APEX公司不能付清其拖欠的巨额货款而形成的。资料显示，从2001年7月起，长虹彩电就源源不断地发向美国，由APEX公司在美国直接提货，并冠以APEX公司的商标进行销售。但货款总是被长期拖欠，致使长虹的应收账款出现异常。

2001年长虹开始与APEX发生业务来往，当年只赊销，没有回款，形成应收账款4184万美元，折合人民币3.47亿元。2002年长虹应收账款由2001年的28.8亿元增至42.2亿元，其中APEX公司就占38.29亿元，这年长虹与APEX的交易占全年彩电销售的54%，占当年海外销售的91.41%。2003年销售给APEX公司4.24亿美元的货物，回款3.49亿美元，但此时对APEX公司的应收账款已增至5.37亿美元。至2004年度，应收账款中APEX公司达4.6亿美元。(如表4-4中所示)

表4-4　长虹与APEX的往来

年度	销售金额	回款金额	应收账款余额
2001			41 842 483.00
2002	610 949 126.11	190 074 801.70	462 716 807.41
2003	424 424 014.62	349 896 993.47	537 243 828.56
2004	35 599 676.81	109 028 524.77	463 814 980.60

长虹在与APEX公司的交易中，APEX、保理公司、长虹三家签订协议之后，保理公司将会通知零售商沃尔玛，不得向代理APEX直接支付货款，而是把货款交给保理公司，由保理公司将货款按10%和90%的比例在APEX和长虹之间分账。为了防范沃尔玛可能倒闭带来的风险，还由长虹和APEX双方另外向保险公司投保。保理公司如果在两个月之内收不到货款，保险公司就要赔付。如果长虹急需回款，可以凭销售发票向保理公司作贴现。

长虹与APEX公司的合作模式看起来天衣无缝，但这套程序并没有能够有效运转。保理公司没有发挥应有的作用，长虹的出口业务始终面临巨大风险：一是在美国市场上过度依赖APEX一家公司；二是采用赊销方式。虽然存在保理公司，但保理公司是金融性质，一般只是在交易出现资金困难时可以代为垫款，并不保证规避风险。而保理之外的投保程序也是有名无实，长虹根本找不到愿意为其高风险业务保险的公司。

为何长虹甘愿接受风险极高的先发货后收款的运作方式与一个在信用上并不可靠的企业进行大规模合作呢？通过观察长虹2002年的关键财务数据我们似乎可以略知一二。根据长虹年报，2002年，公司主营业务收入实现125.8亿元，同比增长32.27%；其中出口收入55.4亿元，增长幅度达到614%；净利润实现1.76亿元，同比增长99%。大量对美出口对当时的长虹而言可算是一贴速效药。此后出口业务在长虹的主营业务收入中的重要地位一直延续。然而，在一连串漂亮的主营业务收入和出口数字之下，长虹报表中应收账款的上涨幅度也连年见涨。从2001年开始，APEX始终位列应收账款欠款金额前五名单位的第一名，所欠数额之庞大让人瞠目，其在应收账款总额（未扣除坏账准备前）中所占比重从2001年的12%上升到2002年的91%。2004年巨额计提冲销后，APEX的应收账款净额还占长虹应收账款净额的57%。与此同时，长虹的现金流量却捉襟见肘。2002年主营业务收入迅猛增长的前提下却第一次出现经营活动的现金流量为负。这样，企业为了维持运转就不得不求助外部借款。长虹的短期借款随之从2001年的8500万元飙升到2002年的16.2亿元和2003年的27亿元。也就是说，长虹貌似繁荣的出口业绩背后其实已经潜伏着巨大的资金隐患，天花乱坠的盈利数字只能是画饼充饥。

案例思考：

1.如何应用赊销方式使应收账款收益增大？

2.应收账款计提坏账准备的会计处理方法有哪几种？

【案例分析2】

零存货

1953年，日本丰田公司的副总裁大野耐一创造了一种高质量、低库存的生产方式——即时生产(Just In Time，JIT)。JIT技术基本思想是“只在需要的时候，按需要的量，生产所需的产品”，也就是追求一种无库存或库存量达到最小的生产系统。

在日本，JIT又称为“看板”管理，在每一个运送零部件的集装箱里面都有一个标牌，生产企业打开集装箱，就将标牌给供应商，供应商接到标牌之后，就开始准备下一批零部件。理想的情况是，下一批零部件送到时，生产企业正好用完上一批零部件。通过精确地协调生产和供应，日本的制造企业大大地降低了原材料的库存，提高了企业的运作效率，也增加了企业的利润。事实上JIT技术成为日本汽车工业竞争优势的一个重要来源，而丰田公司也成为全球在JIT技术上最为领先的公司之一。

20世纪90年代信息技术和互联网技术兴起之后，通过信息技术在企业中的运用（如ERP等），可以使企业的生产计划与市场销售的信息充分共享，计划、采购、生产和销售等各部门之间也可以更好地协同。而通过互联网技术可以使生产预测较以前更准确可靠。戴尔公司充分运用信息技术和互联网技术展开网上直销，根据顾客的要求定制产品。一开始，在互联网还局限于少数科研和军事用途的时候，戴尔公司只能通过电话这样的网络来进行直销，但是互联网逐渐普及之后，戴尔根据顾客在网上的订单来组织生产，提供完全个性化的产品和服务。戴尔公司提出了“摒弃库存、不断聆听顾客意见、绝不进行间接销售”三项黄金定律，完全消灭了成品库存，其零件库存量是以小时计算的，当它的销售额达到123亿美元时，库存额仅2.33亿美元，现金周转期则是负8天。

案例思考：

1. 零存货的模式会降低哪些成本？
2. 哪些企业适合采用零存货模式？

第五章 投资管理

【学习内容及目的】

本章阐述企业投资管理的基本理论和管理方法。内容包括:投资的特点,投资决策应考虑的主要因素,项目投资的概念、特点和项目投资的决策方法,证券投资的概念,债券和股票估价,债券和股票的优缺点。通过本章的学习,要了解资本投资的基本理论。了解企业项目投资的种类及特点,掌握现金净流量的计算,掌握资本投资决策的方法,了解证券投资的概念、程序和投资风险。重点是项目投资决策中投资回收期和净现值的应用。

第一节 投资概述

一、投资的概念

投资是指将财力投放于一定的对象,以期望在未来获取收益或某种权利的经济行为。投资概念有广义和狭义之分。广义的投资包括企业内部的资金投放和使用,以及企业对外部进行的投资;狭义的投资仅指对外投资,是指企业以购买股票、债券的方式或以现金、实物资产、无形资产等方式向企业以外的其他经济实体进行的投资。本书采用广义投资的概念。

二、投资的分类

企业投资可以有以下几种分类。

(一)按投资期限分为短期投资和长期投资

短期投资也称为流动资产投资, 是指准备在一年或超过一年但在一个营业周期内收回的投资。主要包括现金、应收款项、存货和随时准备变现的各种有价证券等的投资。长期投资是指不准备在一年内变现或是超过一年或一个营业周期才能收回的投资。主要指对房屋、建筑物、机器、设备等能够形成生产能力的投资,也包括对无形资产和长期有价证券的投资。一般来说,长期投资风险高于短期投资,与此相适应,长期投资收益通常高于短期投资收益。

(二)按投入的领域分为生产性投资和非生产性投资

生产性投资是指将资金投入生产、建设等生产领域中,并能够形成生产能力或可以产出生产资料的一种投资，又称为生产资料投资。这种投资的最终成果将形成各种生产性资产，包括固定资产投资、无形资产投资、其他资产投资和流动资金投资。非生产性投资，是指将资金投入非物质生产领域中，不能形成生产能力，但能形成社会消费或服务能力，满足人民的物质文化需要的一种投资。这种投资的最终成果是形成各种非生产性资产。

（三）按投资方向分为对内投资和对外投资

对内投资是指对企业内部生产经营所需要各种资产的投资。包括流动资产、固定资产、无形资产和其他资产投资。对外投资是指企业以购买股票、债券的方式或以现金、实物资产、无形资产等方式向企业以外的其他经济实体进行的投资。

三、影响投资的因素

（一）投资的机会成本

在投资决策时，如果选择了某一投资项目，就会放弃其他投资项目，其他的投资机会可能取得的收益就是本项目的机会成本。机会成本不是实际发生的支出或费用，而是一种潜在的放弃的收益。例如，一笔现金投资于股票就不能同时投资于债券，那么，投资于债券所能获得的收益就是股票投资的机会成本。如果某企业把拥有的一块土地作为建造工厂厂房用地，而这块土地出售可得净收入20万元，则这20万元的收入就是建造工厂厂房的机会成本。机会成本作为丧失的收益，离开被放弃的投资机会就无从计量。在投资决策过程中考虑机会成本，有利于全面分析评价所面临的各个投资机会，以便选择经济上最为有利的投资项目。

（二）投资的风险和收益

投资的根本目的是追求较多的投资收益和实现最大限度的投资增值。在方案的选择上应考虑投资收益的大小及投资收益是否确定。未来的收益和增值的不确定性就是投资风险。一般情况下，风险和收益是相伴的，一项经济活动风险越大，就意味着未来期望的不确定性越大，其可能的收益也就越高。诱发风险的因素有很多，投资多样化是分散风险的一种方法。在投资中，必须权衡风险和收益的关系，合理预测投资风险，采取合理规避投资风险的策略，将风险降到最低。

（三）筹资能力

投资是将企业的资金在一定的时间内让渡给其他企业或将资金用于其他的项目，必须以不影响本企业生产经营所需资金为前提。如果企业资金短缺，筹资能力又较弱，投资将受到很大的限制。投资决策要求企业能够及时、足额、低成本地筹集到所需资金。

（四）投资环境

投资环境构成复杂、变化较快。在投资决策分析时，必须熟知市场情况、金融环境、政策法规等，认清投资环境的特点，预知投资环境的发展变化，重视投资环境的影响作用，不断增强对投资环境的适应能力、应变能力和利用能力，根据投资环境的发展变化，采取相应的投资策略。

四、投资决策程序

(一)确定投资领域和投资对象

在把握良好的投资机会的情况下,根据企业的长远发展战略、中长期投资计划和投资环境的变化来确定投资领域和投资对象。

(二)收集相关信息

收集相关信息就是针对决策目标广泛收集尽可能多的、对决策目标有影响的各种可计量和不可计量的信息资料,作为决策的根据。对于收集的各种信息,还要善于鉴别,进行必要的加工。信息的收集工作往往要反复进行,贯穿于各步骤之间。

(三)提出备选方案

提出备选方案就是针对决策目标提出若干可行的方案。提出可行的备选方案是投资决策的重要环节,是做出科学决策的基础和保证。所谓可行,是指政策上的合理性、技术上的先进性、市场上的适用性和资金上的可能性。每个备选方案都要注意实事求是,量力而行,务求使企业现有的人力、物力和财力资源都能得到合理、有效的配置和使用。

(四)确定最优方案

把各个备选方案的可计量资料先分别归类,选择适当的专门方法,建立数学模型对各方案进行计算、比较和分析,再根据经济效益的大小对备选方案做出初步的判断和评价。再进一步考虑各种非计量因素的影响,进行定性分析。把定性分析和定量分析结合起来,根据各方案提供的经济效益和社会效益的高低进行综合判断,最后筛选出最优方案。

(五)投资方案再评价

在投资方案的执行过程中,要进行跟踪评估,注意原来做出的投资决策是否合理、是否正确。如果出现新情况,就要随时根据变化的情况做出新的评价和调整,以保证决策目标的最终实现。

五、投资管理要求

(一)加强预算管理

对企业投资进行预算管理,是企业财务管理的客观要求。加强投资的预算管理,有利于企业坚持正确的投资方向,避免投资的随意性和盲目性,减少投资损失,降低投资风险,保证投资的收益性。

(二)合理确定投资时间

投资时间是指资金投放的时间, 即企业投资方案具体实施的时间。企业外部的金融环境、市场环境、社会环境、国家政策等的变化,都会影响投资方案的实施,影响未来的投资收益。科学合理地确定投资时间,有利于企业把握时机,为取得更大的投资效益奠定基础。

(三)适当安排投资比例

投资比例是指用于投资与用于企业正常的简单再生产需用资金的比例关系，即用多少资金于简单再生产,用多少资金于投资。投资比例是否适当,直接影响企业简单再生产和投资的正常进行。在安排投资比例时,应按照市场经济的客观要求,充分发掘本企业的资源优势,处理好生产与投资之间的比例关系,以求获得企业的经济效益和社会效益。

(四)追求最佳的投资效果

追求最佳的投资效果，就是要使同等的投资额在同样的时间内为企业带来尽可能多的收益额。在追求投资效果时,要遵守国家有关方针、政策及法规,既要考虑企业自身利益,又要兼顾社会利益。

(五)积极规避投资风险

投资风险是客观存在的，它不以人的意志为转移，但有些投资风险是可以规避或降低的。企业要慎重考虑投资风险,采取有力措施,合理、合法地规避投资风险。

第二节 项目投资

一、项目投资的概念及特点

(一)项目投资的概念

项目投资,是以特定项目为对象,直接新建或更新改造项目的长期投资行为。它是企业直接的、生产性的对内实物投资。一般包括固定资产投资、无形资产投资、流动资产投资等内容。本书主要介绍固定资产项目投资管理。

(二)项目投资的特点

1.投资金额较大。项目投资形成的生产经营能力主要表现为新增固定资产。固定资产的购建本身所需的资金量是较大的,而且为使建成的固定资产可以正常运行,还需要相应的流动资产与之配套,有些项目甚至还需要其他长期资产投资与之配合,如无形资产、递延资产等,所以,投资数额较大。

2.投资回收期长。项目投资的寿命一般都在一年以上,有的甚至会达到几十年,投资一旦完成,就会长时期地对企业的生产经营产生影响。这种影响表现在项目本身可能会给企业带来长期的经济效益,也会给企业带来长期的“包袱”。项目投资作为一项数额较大的预付成本,一旦支出,就等于将大量资金冻结起来,而想要缓解则需随折旧和收益的实现逐步进行,这会使企业在较长时期内资金调度相对紧张。

3.变现能力差。项目投资一旦实施并形成一定生产经营能力后,无论其投资效益如何,均难以改变,短时间内很难变现。即使必须改变,也会在财力、物力上付出极高的代价,使企业遭受不必要的损失,甚至会留下潜在的经济隐患。

4.投资风险高。由于项目投资的投资量大，对企业影响时间长，必然伴随较大的风险。未来时期内各种影响投资效益的因素，诸如市场需求、原材料供应、国家政策等都会发生各种变化，而项目投资又不可逆转，这意味着企业进行项目投资必然冒较高的风险。

二、项目投资的现金流量

项目投资的现金流量是指一个投资项目所引起的现金流出和现金流入数量的总称。这里的“现金”是广义的现金，它不仅包括各种货币资金，而且还包括项目所需要投入的企业拥有的非货币资源的变现价值。现金流量是在一个较长时期内表现出来的，受资金时间价值的影响，一定数额现金在不同时期的价值是不同的。

(一)现金流出量

1.原始投资。是指形成生产能力的各种直接支出。包括固定资产的购入或建造成本、运输成本、安装成本以及其他有关支出。这类支出一般在财务会计中最终表现为固定资产、递延资产或无形资产的增加。现金流出是随着投资的进行而发生的，可能是一次性的，也可能是分次的。

2.流动资产投资。投资形成的生产经营能力要投入使用，可能会引起对流动资产的需求，包括正常的原材料储备、产成品储备、应收账款的占用等，这使企业要追加一部分流动资产投资，从而增加一部分现金的流出。

3.项目所需投入的非货币资产变现价值。项目投资可能会动用企业原有的固定资产或流动资产，这时企业虽未直接支出现金，但原有资产的变现价值也要视为项目投资的现金流出。

(二)现金流入量

1.营业现金流入量。是指项目投入使用后，每年的营业现金收入扣除每年付现成本和缴纳所得税后的余额。营业现金收入是指销售产品或提供劳务取得的现金收入。付现成本是指需要每年支付现金的各种成本和费用，如材料费用、人工费用、设备修理费用等。缴纳的所得税是指税法规定实际缴纳的企业所得税额。用公式表示为：

营业现金流入量=营业收入-付现成本-所得税

在企业全部成本费用中，一部分是付现成本；另一部分是不需要每年支付现金的成本费用，称为非付现成本，如固定资产折旧，递延资产和无形资产的摊销等。因此，在固定资产项目投资中，付现成本可以用全部成本费用减折旧来估计。其计算公式为：

营业现金流入量=营业收入-付现成本-所得税

=营业收入-(全部成本费用-折旧)-所得税

=营业收入-全部成本费用+折旧-所得税

=净利润+折旧

2.固定资产的净残值收入。当投资项目的有效期结束后，残余的固定资产经过清理会得到一笔现金收入，如残值出售收入。同时，清理时还要支付清理费。残值收入扣除清理费用后的净收入额，应当作为项目投资的一项现金流入。

3.收回垫支的流动资金。当投资项目的有效期结束后，原先投入周转的流动资金可以转化成现金，用于其他方面，从而构成一项现金流入。

(三)现金净流量

现金净流量是指一定期间现金流入量减去现金流出量的差额。这里所说的“一定期间”，一般是指一年期间，流入量大于流出量时，净流量为正值，反之，净流量为负值。

现举例说明现金净流量的具体计算方法。

【例5-1】某项目投资总额为150万元，其中固定资产投资120万元，流动资金投资30万元于投产开始时垫付。该项目寿命期5年，固定资产按直线法计提折旧，期满有20万元净残值；流动资金在项目终结时可一次全部收回。另外，预计项目投产后，每年可获得60万元的营业收入，并发生15万元的付现成本。计算各年的现金净流量。所得税率为25%。

$$固定资产年折旧额=\frac{1\ 200\ 000-200\ 000}{5}=200\ 000(元)$$

5年每年的营业利润=600 000-150 000-200 000=250 000(元)

5年每年的净利润=250 000×(1-25%)=187 500(元)

第0年现金净流量=-1 500 000(元)

第1~4年现金净流量=187 500+200 000=387 500(元)

第5年现金净流量=187 500+ 200 000+300 000=687 500(元)

三、项目投资决策方法

项目投资决策必须在充分考虑资金时间价值和现金流量等因素的基础上进行。项目投资决策还要采用科学的方法。主要有：净现值法、内含报酬率法、获利指数法和投资回收期法等。

本节主要介绍两种方法：投资回收期法和净现值法。

(一)投资回收期法

投资回收期是根据回收初始投资额所需要的时间的长短来判定投资方案是否可行的一种方法。一般来讲，回收期越短越安全。在进行投资决策前需要将方案的回收期与预期相比较，选择更为接近的方案。投资回收期法分为静态回收期法和动态回收期法。静态回收期法不考虑资金时间价值，而动态回收期法考虑资金时间价值。本书只介绍静态回收期法。

静态回收期法是指按收回项目初始投资额所需的以年为单位的时间长度来判定该方案是否可行的方法。

如果每年的营业现金净流量相等，投资回收期的计算公式为：

$$投资回收期(年)=\frac{初始投资额}{年现金净流量}$$

【例5-2】某企业有一个投资方案。投资总额为50万元，寿命期5年，无残值，经计算每年现金净流量为17.5万元，计算该方案的投资回收期。

$$投资回收期=\frac{50}{17.5}=2.86(年)$$

若每年的营业现金净流量不相等，则需计算逐年累计的现金净流量，然后用插入法计算出投资回收期。

【例5-3】某一项目投资方案，投资总额15 000元。各年的现金净流量如下：

表5-1　某项目投资现金流量情况表　单位：元

年度	每年现金净流量	累计现金净流量	尚未收回的投资额
1	3800	3800	11 200
2	3560	7360	7640
3	3320	10 680	4320
4	3080	13 760	1240
5	7840	21 600	—

$$投资回收期=4+\frac{15\ 000-13\ 760}{7840}=4.16(年)$$

【例5-4】龙泰公司计划用240 000元投资一新项目，期望回收期为5年。现有三个待选方案可供选择，有关现金净流量如表5-2所示。要求计算甲、乙、丙三个方案的投资回收期，并选择最佳方案。

表5-2　各方案现金净流量情况表　单位：元

方案＼净流量	第一年	第二年	第三年	第四年	第五年
甲	80 000	80 000	80 000	80 000	80 000
乙	50 000	60 000	100 000	100 000	80 000
丙	100 000	100 000	70 000	50 000	60 000

解：(1)甲方案的投资回收期=240 000÷80 000=3(年)。

(2)乙方案的投资回收期。乙方案每年的现金净流量不等，将前三年的现金净流量相加(210 000元)后还有30 000(240 000-210 000)元余额，需要在第四年内收回。因此，乙方案的投资回收期=3+30 000÷100 000=3.3(年)。

(3)丙方案的投资回收期。丙方案每年的现金净流量也不等，将前两年的现金净流量相加(200 000元)后还有40 000(240 000-200 000)元余额，需要在第三年内收回。因此，丙方案的投资回收期=2+40 000÷70 000=2.57(年)。

根据以上计算结果可知,甲、乙、丙三个方案的投资回收期均小于期望回收期,方案都可行。其中以丙方案为优,因为丙方案的投资回收期最短,仅为2.57年。

静态投资回收期法计算比较简单,容易理解,但没有考虑资金时间价值和回收期满后现金流量的变化情况,对投资效益评价不全面。该类指标一般只适用于方案的初选,或者投资各项目间经济效益的比较。

(二)净现值法

净现值法是借助净现值指标对投资方案进行评价分析的一种方法。净现值是指将投资项目投入使用后的现金净流量,以资金成本或企业要求达到的最低报酬率为折现率折算为现值,再减去初始投资后的余额。其计算公式为:

净现值=∑(某年的现金净流量×复利现值系数)-初始投资额

净现值法的一般运算步骤:

1.计算投资项目的各年现金净流量。

2.将各年现金净流量折算成现值。

3.计算净现值。

【例5-5】根据【例5-4】的资料,假定龙泰公司项目投资24万元的资金成本为10%。计算各投资方案的净现值,并进行决策评价。

(1)甲方案每年现金净流量相等,因此可按年金现值系数折算成现值进行计算。

甲方案净现值=80 000×3.7908-240 000=63 264(元)

(2)乙方案每年现金净流量不相等,因此应按复利现值系数折算成现值进行计算。

乙方案净现值=50 000×0.9091+60 000×0.8264+100 000×0.7513+100 000×0.6830
+80 000×0.6209-240 000=48141(元)

(3)丙方案每年现金净流量不相等,因此也同样按复利现值系数折算成现值进行计算。

丙方案净现值=100 000×0.9091+100 000×0.8264+70 000×0.7513+50 000×0.6830
+60 000×0.6209-240 000=57 545(元)

根据以上计算结果可知,甲、乙、丙三方案的净现值都大于0,方案均可行,其中以甲方案为最优,其净现值大于乙、丙两方案的净现值。因此按净现值法应选择甲方案。

采用净现值法的决策标准是:净现值≥0为可行方案,净现值<0为不可行方案。若几个方案的投资额相等,且净现值都是正数,那么净现值最大的方案为最优方案。若几个投资方案的初始投资额不等,则不适用净现值法。

净现值法的优点是考虑了资金的时间价值,能够反映各种方案的净收益。缺点是不能揭示各个投资方案本身可能达到的实际投资报酬率是多少。如果各个投资方案的投资额不相同,只看净现值的绝对值就不能做出正确的评价。所以企业在实际资本项目投资决策时,要分析自身的情况选择适合的方法,以达到投资效益最高、成本最小的目的。

第三节 证券投资

证券是根据一国政府的有关法律法规发行的，代表财产所有权或债权的一种信用凭证或金融工具，一般来说，证券可以在证券市场上有偿转让。科学地进行证券投资，可以充分利用企业的闲置资金，增加企业的收益，降低风险，有利于实现企业的财务目标。证券投资分为债券投资和股票投资。

一、债券投资

(一)债券投资的概念

债券投资就是企业将资金用于购买其他企业发行的债券并获取利息的行为。企业进行短期债券投资的目的主要是为了合理利用暂时闲置的资金，调节现金余额，使现金余额达到合理水平。企业进行长期债券投资的目的主要是为了获得稳定的收益。

(二)债券投资的估价

要进行债券投资，就要先了解债券内在的价值，然后根据价值的情况做出是否购买的决策。债券的估价就是估算债券的价值。

债券的价值是债券未来现金流入量的现值。企业在进行债券投资时，必须分析所选择的债券价值，将债券价值与当前的债券价格进行对比，只有当债券的价值大于其购买价格时，才值得投资；否则，不应进行投资。债券价值是进行债券投资决策时考虑的主要指标。

常见的债券估价方式有以下几种。

1.债券估价的基本方法。一般情况下，债券采取固定利率，每年按复利计算并支付利息，到期归还本金。按照这种模式，债券价值计算的基本公式为：

债券的价值=每年的利息×年金现值系数+债券面值×复利现值系数

【例5-6】某种债券面值为1000元，票面利率为8%，期限为5年。某公司拟对这种债券进行投资，当前的市场利率为10%，问债券价格为多少时应该进行投资。

债券的价值=1000×8%×(P/A，10%，5)+1000×(P/F，10%，5)=80×3.7908+1000×0.6209

=924.16 (元)

根据计算得知，债券的价值为924.16元，债券的价格低于价值时，该企业才应该购买。

2.一次还本付息不计复利的债券估价方法。我国很多债券属于一次还本付息且不计复利的债券，其估价计算公式为：

债券价值=(债券面值+债券面值×利率×期数)×相应的复利现值系数

【例5-7】某公司拟购买另一家企业发行的利随本清的企业债券。该债券面值为1000元，期限5年，票面利率为8%，不计复利，当前市场利率为10%。该债券发行价格为多少时，企业才应购买？

债券价值=(1000+1000×8%×5)×(P/F,10%,5)=869.26(元)

经过计算,债券的价值为869.26元,当债券价格低于价值时,企业才能购买。

(三)债券投资的优缺点

1.债券投资的优点

(1)本金安全性高。与股票相比,债券投资风险比较小。尤其政府发行的债券,由于有国家财力作为保证,本金的安全性很高。

(2)收入稳定性强。债券的发行人有按时支付利息的法定义务。在正常情况下,债券投资者都能获得较稳定的收入。

(3)市场流动性好。许多债券都具有较好的流动性,政府及大企业发行的债券一般都可在金融市场上迅速出售,流动性很好。

2.债券投资的缺点

(1)购买力风险较大。由于债券面值和收入的固定性,在通货膨胀时期,债券本金和利息的购买力会不同程度地受到侵蚀,投资者名义上虽然有收益,但实际上却是损失。

(2)没有相应管理权。投资债券主要是为了获得报酬,而无权对债券发行的企业施加影响和控制。

二、股票投资

(一)股票投资的概念

股票投资,是通过认购股票成为股票发行公司的股东,并获得股利或差价收益,如果持有到一定比例还可以具有控制权的投资行为。

(二)股票的估价

进行股票估价的目的同样是为了确定股票的内在价值,然后将股票价值与股票市价进行比较,以决定是否购买。对股票价值的评估类似于债券,即要求评估股票未来现金流入量的现值。股票预期的未来现金流入包括两部分:(1)持有期的预期股利;(2)出售股票时的变价收益。但由于股票没有固定的股息,也没有一定的期末价值,因此,股票价值的评估方法还不同于债券。股票价值评价的一般方法有市盈率法,就是参照股票的市盈率来确定股票价值的方法。

$$\text{市盈率}=\frac{\text{每股价格}}{\text{每股收益}}$$

市盈率是估计普通股价值的最基本的指标之一。通常情况下认为该比率保持在20~30之间是正常的,过小说明股价低,风险小,值得购买;过大则说明股价高,风险大,购买时应谨慎。但有时高市盈率的股票也可能成为热门股,低市盈率股票也可能成为冷门股。

(三)股票投资的优缺点

1.股票投资的优点

(1)投资收益高。高风险伴随着高收益,普通股票的价格虽然变动频繁,但从长期看,优质股票的价格总是上涨的居多,只要选择得当,都能取得优厚的投资收益。

(2)购买力风险低。与债券投资相比,普通股能有效地降低购买力风险。因为在通货膨胀率比较高时,由于物价普遍上涨,股份公司盈利增加,股利的支付也随之增加。

(3)拥有经营控制权。普通股股东属股份公司的所有者,有权监督和控制企业的生产经营情况。

2.股票投资的缺点

(1)求偿权居后。普通股对企业资产和盈利的求偿权均居于最后。企业破产时,股东原来的投资可能得不到全额补偿,甚至全部用于清偿债务。

(2)价格不稳定。普通股的价格受政治因素、经济因素、投资人心理因素、企业的盈利情况等多种因素的影响,很不稳定,这也使股票投资具有较高的风险。

(3)收入不稳定。普通股股利的多少视企业经营状况和财务状况而定,其有无、多少均无法律上的保证,其收入的风险也远远大于债券。

【案例分析】

软银投资阿里巴巴狂赚71倍

1999年初,马云回到杭州后,和最初的创业团队开始谋划一次轰轰烈烈的创业。大家集资了50万元,在位于杭州湖畔花园的100多平方米的家里,阿里巴巴诞生了。这个创业团队里除了马云之外,还有他的妻子、他当老师时的同事、学生以及被他吸引来的精英。

阿里巴巴成立初期,公司是小到不能再小,18个创业者往往是身兼数职。有了一定名气的阿里巴巴很快也面临到资金的瓶颈:公司账上没钱了。当时马云开始去见一些投资者,但是他并不是有钱就要,而是精挑细选。即使囊中羞涩,他还是拒绝了38家投资商。就在这个时候,以高盛为主的一批投资银行向阿里巴巴投资了500万美元。这一笔"天使基金"让马云喘了口气。更让他意料不到的是,更大的投资者也注意到了他和阿里巴巴。日本软银总裁约见了马云,表示将给阿里巴巴投资3000万美元,占30%的股份。但是马云认为,钱还是太多了。经过6分钟的思考,马云最终确定了接受2000万美元的软银投资,阿里巴巴管理团队仍绝对控股。

从2000年起,纳斯达克指数开始暴跌,长达两年的熊市寒冬开始了,很多互联网公司陷入困境,甚至关门大吉。那个时候,全社会对互联网产生了一种不信任,业务开展十分艰难。马云提出关门把产品做好,等到春天再出去。冬天很快就过去了,互联网的春天在2003年开始慢慢到来。2005年8月,雅虎、软银再次向阿里巴巴投资数亿美元。之后,阿里巴巴创办淘宝网,创办支付宝,收购雅虎中国,创办阿里软件,一直到阿里巴巴上市。

2007年11月6日,阿里巴巴在香港联交所正式挂牌上市,正式登上全球资本市场舞台。港交所开盘,阿里巴巴以30港币,较发行价13.5港元涨122%的高价拉开上市序幕。小幅震荡企稳后,一路单边上冲。最后以39.5港元收盘,较发行价涨了192.59%,成为香港上市公司上市首日涨幅最高的"新股王",创下香港7年以来科技网络股神话。按收盘价估算,阿里巴巴市值约280亿美元，超过百度、腾讯，成为中国市值最大的互联网公司。作为阿里巴巴集团的两个大股东，雅虎和软银在阿里巴巴上市当天账面上获得了巨额的回报。软银间接持有的阿里巴巴股权价值55.45亿美元。若再加上2005年雅虎入股时曾套现的1.8亿美元，软银当初投资阿里巴巴集团的8000万美元如今回报率已高达71倍。

软银不是阿里巴巴最初的风险投资商，却是坚持到最后的一个。软银中国控股公司总裁及首席执行官薛村禾称："我预测，3~5年内阿里巴巴的市值将至少是现在的5倍。"在阿里巴巴的第二轮融资中，软银开始出现。从此，这个大玩家不断支持马云，才使得阿里巴巴能够玩到今天的规模。软银不仅给阿里巴巴投入了资金，在后来的发展中还给了阿里巴巴足够的支持。尤其是2001年到2003年的互联网低谷时期，投资人伴随阿里巴巴整个团队一路挺了过来。而一些风险投资商显然错过了最好的收获期。从阿里巴巴集团的第三轮融资开始，早期的一些风险投资商已经开始陆续套现。到阿里巴巴上市之前，只有软银一家风险投资商还一直在阿里巴巴的股份中牢牢占据主要地位，其他风险投资商已经全部退出。

软银为什么会选择阿里巴巴。薛村禾在接受国外媒体采访时回忆，选择阿里巴巴的重要原因是马云及其团队的坚定信念，尤其是18个创业合伙人的精神。薛村禾说："当年我们放弃别的机会，集中精力投资马云这个团队。我们并不是神仙，一眼就能看到阿里巴巴的未来，也只能看到电子商务这个大方向。但为什么最后选择马云这个团队呢？了解他多一点的人就知道，他能把很多人聚在周围，团队非常厉害。"软银认为，马云有一种独特的分享意识以及不平凡的领导才能。薛村禾评价称，马云是性格非常饱满的人，非常有远见，如果今天还不是一个世界级的领袖人物的话，他也一定可以成为一个英雄。另外，马云这个人是战略家也是战术家。而且他执行力也很强。

在投资中为了分散风险，股权投资人通常采取的投资策略有联合投资、分段投资、匹配投资和组合投资。

1.联合投资。对于风险较大、投资额较高的项目或企业，投资人往往联合其他投资机构或个人共同投资，牵头的投资人持有的股份最多。这样，对于创业企业来讲，也可以享有更多的投资者的资源。但也不是投资者越多越好，因为投资者太多，难免发生冲突和内耗。

2.分段投资。在创业企业发展的早期，各方面的风险大，资金需求则相对较小。而随着时间的推移，风险逐步减小，资金需求却逐步增加。对于发展情况不是逐步趋好而是趋坏的项目，投资人可以在下一轮投资时慎重考虑是否进一步追加投资。对于那些已经没有挽救希望的企业，则通过清算等手段尽可能收回前期投资。这种分阶段多次投资的策略，使投资人可以根据风险的变化进退自如，以尽可能避免投资的损失。

3.匹配投资。匹配投资是指投资人在对项目或企业进行投资时，要求项目的经营管理者或创业企业要投入相应的资金。匹配投资将风险投资者与创业企业捆在了一起，促使创业企业或项目经营管理者加强管理，从而降低了投资风险。

4.组合投资。不要把鸡蛋放在一个篮子里。投资人在进行投资时一般不把资金全部投向一个项目或企业，而是分散投向多个项目或企业。这样一来，一个或几个项目或企业的损失就可能从另外的项目或企业的成功中得到补偿，从而就可以避免风险投资公司全军覆没的危险。因为一般说来，几个项目同时失败的可能性较一个项目失败的可能性要小得多。

案例思考：

1. 投资方式有哪些？本案例中应用了哪种投资方式？
2. 软银为什么投资阿里巴巴？
3. 为规避风险，投资时可以采取哪几种方式？

第六章　收入管理

【学习内容及目的】

本章主要介绍收入的概念、收入的预测及收入的定价及管理。要求掌握收入预测的方法，重点是保本量及保本额的计算；掌握收入管理的要求，引导学生思考如何加强收入的管理；了解产品的定价方法。

第一节　收入概述

一、收入含义

《企业会计准则第14号——收入》规定："收入，是指企业在日常活动中形成的、会导致所有者权益增加的、与所有者投入资本无关的经济利益的总流入。本准则所涉及的收入，包括销售商品收入、提供劳务收入和让渡资产使用权收入。企业代第三方收取的款项，应当作为负债处理，不应当确认为收入。"

收入一般可分为营业收入与营业外收入两大类。

（一）营业收入

营业收入是指企业在一定时期内的生产经营活动中，通过销售商品、提供劳务或从事与企业正常经营活动有关的其他活动而获得的收入。

营业收入按其重要性不同，又可分为基本业务收入和其他业务收入。

1.基本业务收入

基本业务收入属于"主营性"营业收入，是指企业在主要生产经营活动中所取得的营业收入，也称主营业务收入。基本业务收入在企业的营业收入中占有很大的比重，直接影响着企业的经济利益。

2.其他业务收入

其他业务收入属于"附营性"营业收入，是指企业在主要生产经营活动以外的其他业务活动中所取得的收入。在从事工业制造的企业中，其他业务收入主要是指企业材料销售、固定资产出租、无形资产转让、提供非工业性劳务等取得的收入。其他业务收入在企业收入中占较小的比重。

(二)营业外收入

营业外收入是指与企业主要生产经营活动没有直接关系的非经营性收入,也称“利得”。在企业中,它主要包括企业出售、报废固定资产所形成的净收益以及罚款收入等。

营业收入与营业外收入的不同之处在于:营业收入是与企业的经营活动直接相关的,它的发生具有经常性且可合理预测;营业外收入则与企业正常的生产经营活动没有直接关系,它的发生具有偶然性且难以预计。

二、影响营业收入的因素

在生产经营活动中,许多因素影响着销售收入的实现,通常在销售收入管理中主要考虑以下几项影响因素。

(一)价格与销售量

这是影响销售收入的最主要因素。销售收入就是销售产量或劳务的数量与价格的乘积,因此,这两个因素直接影响着销售收入的实现,其中,价格因素更加敏感,如果价格定得过高,就会减少销售量,从而影响企业的销售收入;反之,如果价格定得过低,虽然可以增加销售量,但销售毛利会下降,也会影响到企业的收益。这就要求企业根据市场供求状况以及本企业产品的成本与质量,确定合理的价格。

(二)销售折扣

销售折扣是指企业根据客户的订货数量和付款时间而给予的折扣或给予客户的价格优惠。按折扣方式,可分为现金折扣和商业折扣。现金折扣,是指债权人为鼓励债务人在规定期限内付款而向债务人提供的债务扣除。销售商品涉及现金折扣的,应当按照扣除现金折扣前的金额确定销售收入金额。商业折扣,是指企业为促进商品销售而在商品标价上给予的价格扣除。销售商品涉及商业折扣的,应当按照扣除商业折扣后的金额确定销售收入金额。

(三)销售折让

销售折让是企业向客户交付商品后,因商品的品种、规格或质量等不符合合同的规定,经企业与客户协商,客户同意接受商品,而企业在价格上给予一定比例的减让。销售折让也应冲减当期的销售收入。

(四)销售退回

销售退回是指在产品已经销售,销售收入已经实现以后,由于购货方对收到货物的品种或质量不满意等原因而向企业退货,企业向购货方退回货款。销售退回是销售收入的抵减项目,应当冲减当期的销售收入。因此,在销售收入管理中,企业要尽量提高产品质量,认真做好发货工作,搞好售后服务工作,尽可能减少销售退回。

第二节　销售收入的预测

销售收入预测是指根据市场需求及其变化情况，对未来一定时期的产品销售量和相应的销售收入做出预计。销售收入预测是为了预计未来时期的收入情况，以便更好地组织下一期的生产经营活动。

预测销售收入的方法有两种：定性预测法和定量预测法。

一、定性预测

定性预测是根据市场调查得到的信息资料，结合以往的经验，推测和预计未来的销售收入。定性预测的主要方法是市场调查分析法。

市场调查分析法是通过市场调查进行营业收入预测的方法，其具体方法有很多，常用的主要有以下几种。

1.意见综合法。这种做法通常是通过各种形式搜集有关专业人员诸如营销人员、专家或外聘信息员等的意见，加以综合汇总，从而形成有关的市场调查资料。

2.抽样询问法。这种做法通常采取的方式是，通过访问调查、电话信函调查、座谈会调查等形式获取市场信息。

3.实验法。这种做法的基本思路是，通过小规模、小范围的实验性销售、试用、展销等方式来获取购买或试用对象反馈来的信息。

二、定量预测

定量预测是根据历史销售资料和市场调查信息，运用一定的数学模型来预测未来的销售收入。在实际工作中，常用的定量预测法有趋势预测法和量本利预测法。

(一)趋势预测法

趋势预测法是根据历史资料，对未来时期的市场销售态势进行预计的一种量化分析方法。主要有以下几种具体方法：简单平均法、移动平均法、加权移动平均法、指数平滑法。

1.简单平均法，也称算术平均法，是求出过去几个经营时期销售数量的算术平均值，以此作为未来销售数量的预测数，其计算公式为：

$$销售收入预测数=\sum\frac{各期实际销售收入}{期数}$$

【例6-1】某企业2013年上半年的销售情况如下表所示：

2013年1—6月销售额

月份	销售额
1	10 000
2	9000
3	11 000
4	12 000
5	10 500
6	10 500
合计	63 000

根据上半年销售情况求出其平均数，就是企业在以后几个月份中销售额的预测数。

$$预测销售额=\frac{63\ 000}{6}=10\ 500(元)$$

简单平均法的计算简单明了，通常适用于销售基本稳定的产品，如日常生活必需品。

2.移动平均法，这种方法类似于简单平均法。简单平均法使过去几期的差异平均化，没有考虑到销售变化趋势，这样可能会出现较大误差。移动平均法虽然也使过去几期差异平均化，但这种方法尽可能选择最近几期的数据，如预测7月份销售额选用1—6月份数据，预测8月份销售额选用2—7月份数据，依此类推，滚动地预测以后几个月的销售额，这样会在一定程度上减少误差。

【例6-2】企业1—6月份销售额仍用上例数据，则预测7月份的销售额就是10 500元。假如该企业7月份实际销售额为11 800元，则8月份销售预测数如下：

$$x_8=\frac{9000+11\ 000+12\ 000+10\ 500+10\ 500+11\ 800}{6}=10\ 800(元)$$

移动平均法能有效地消除预测中的随机波动，一般适用于销售略有波动的产品。

3.加权移动平均法，是在移动平均法的基础上，根据销售变化趋势给各期规定不同的权数，然后求出加权后的各期平均数。一般来说，近期的数据比较重要，确定的权数要大些，远期数据对预测影响程度小些，确定的权数也小些，甚至不赋权数。(一般权数之和相加等于1)这样确定了各期权数后，滚动式地预测出以后各期销售额，计算公式如下：

$$销售收入预测数=\frac{\sum(各期的权数\times各期实际销售收入)}{权数之和}$$

【例6-3】仍用前例中数据，假设选用最近4个月的数据来预测未来月份的销售额，规定权数为0.1，0.2，0.3，0.4。

7月份预测销售额=11 000×0.1+12 000×0.2+10 500×0.3+10 500×0.4=10 850(元)

8月份预测销售额=12 000×0.1+10 500×0.2+10 500×0.3+11 800×0.4=11 170(元)

加权移动平均法将历史资料与未来期间的预计值按关联和影响程度设定权数，并且滚动式计算,有效消除误差。该方法适用于销售数量有明显波动的产品,如季节性产品、节日用产品等。

(二)量本利预测法

销售收入的量本利预测法是指按照成本性态将成本划分为固定成本和变动成本，在此基础上,根据销售量、成本和利润三者之间的内在联系进行分析,在已知产品成本水平的情况下,预测商品销售量及销售额。预测商品销售额的量本利分析法又分为保本销售额和保利销售额预测法。

1.保本销售额预测法

保本销售额预测法,又称盈亏平衡点销售额的预测。保本销售额是指企业的产品销售利润为零,即处于不亏本不盈利状态下的销售额。确定盈亏平衡点,是进行量本利分析的关键。盈亏平衡点也称保本点,它是区分盈利和亏损的分界点,是衡量企业盈亏的一个标准。在这点上销售利润等于零,即销售收入总额与成本总额相等。盈亏平衡点可以用销售量来表示,即盈亏平衡点的销售量;也可以用销售额来表示,即盈亏平衡点的销售额。

$$保本销售量=\frac{固定成本总额}{销售单价-单位变动成本}$$

$$保本销售额=销售单价\times保本销售量$$

【例6-4】某企业只生产A产品,该产品单价为10元,单位变动成本为6元,固定成本为40 000元。

$$保本销售量=\frac{固定成本总额}{销售单价-单位变动成本}=\frac{40\ 000}{10-6}=10\ 000(件)$$

$$保本销售额=10\times10\ 000=100\ 000(元)$$

【知识链接】

固定成本是指其总额在一定时期和一定业务量(生产量或销售量)范围内,不受业务量增减变化影响而固定不变的成本。

变动成本是指其总额在一定时期和一定范围内与业务量（生产量或销售量）成正比例关系变动的成本。

边际贡献是量本利分析中的一个重要概念。是指产品(或商品)的销售收入与其变动成本之间的差额。相关量之间的关系为：

$$边际贡献总额=销售收入总额-变动成本$$

$$单位边际贡献=销售单价-单位变动成本=\frac{边际贡献总额}{销售量}$$

$$边际贡献率=\frac{单位边际贡献}{销售单价}=\frac{边际贡献总额}{销售收入总额}$$

$$销售收入总额=销售数量\times销售单价$$

$$变动成本总额=销售数量\times单位变动成本$$

2.保利销售额预测法

企业的经营目的是为了盈利,保利销售额是指完成预计目标利润需要达到的销售额。目标利润是在销售单价和成本水平既定的情况下预计达到的目标。

$$预测销售量=\frac{固定成本总额+目标利润}{销售单价-单位变动成本}$$

$$预测销售额=销售单价\times预计销售量$$

【例6-5】新月公司生产甲产品,预计单价为500元,单位变动成本为300元,固定成本总额为150万元。本年的目标销售利润总额为200万元。预测本年的销售收入。

本年预测目标利润销售量$=\frac{1\ 500\ 000+2\ 000\ 000}{500-300}=17\ 500$(件)

本年预测销售收入$=17\ 500\times500=8\ 750\ 000$(元)

第三节　销售收入的日常管理

企业的收入主要来源于产品销售收入，而产品的销售收入又受产品销售价格和销售数量的制约。因此,合理的定价对企业的长期经营活动有重要的影响。

一、企业常用定价方法

产品的价格是销售收入形成的前提。只有合理的价格,才能既保证产品销售数量的稳定增长,又能补偿生产耗费,取得更多的盈利。通常情况下,产品的定价主要是由企业的销售部门来进行的,企业财务管理部门主要是协助销售部门的定价管理工作。企业产品的定价,不能“闭门造车”,也不能固定不变,而要根据市场的变化形势来确定企业的定价策略。

由于市场多变，所以产品的售价确定方法也不能单一，而要用多种方法以适应不同情况。一般情况下,企业常用的定价方法有以下几种。

(一)标准产品定价

标准产品是相对于新产品和特殊产品而言的、企业常规生产的产品。企业对标准产品制定价格时,应该考虑长期性,即制定的价格可以在较长时间内使用。最常用的就是成本加成定价法。利用该方法确定的售价,除能够补偿全部成本费用外,还应为生产者提供合理的利润。其计算公式为:

$$产品售价=单位产品生产成本+单位产品期间费用+单位产品目标利润$$

$$单位产品期间费用=产品售价\times期间费用率$$

$$单位产品目标利润=产品售价\times销售收入利润率$$

得出产品定价的基本公式为:

$$产品售价=\frac{单位产品生产成本}{1-(期间费用率+销售收入利润率)}$$

【例6-6】某公司生产甲产品,其单位生产成本为50元,期间费用率为8%,销售收入利润率为20%,则计算该产品单位售价。

$$产品售价=\frac{50}{1-(8\%+20\%)}=69.44(元)$$

(二)新产品定价

所谓新产品,包括两方面含义:一是指市场上没有,本企业过去也没有,新近投产上市的产品;二是市场已有,但本企业新近投产上市的新产品。这两种情况,企业可以采取不同的定价方法。

1.对市场上从未出现过的新产品定价时,企业需要考虑以下因素:(1)什么样的价格能为消费者所接受;(2)推销费用能发生多少;(3)销量应达到多大;(4)销量、价格、利润之间的关系。

在这种情况下,企业可以采用“撇油性”定价或“渗透性”定价两种定价方法。

“撇油性”定价是一种高价策略。试销初期,企业可将产品销价定得相对高一点,在初期即尝试着赚取巨额利润。市场扩大以后,产品趋于成长或成熟阶段,竞争性产品趋多时,再把价格逐步降低,以保证市场销量。对于投产时缺乏竞争对手、极易开发市场的新产品来说,这是一种可取的短期定价方法。

“渗透性”定价是一种低价策略。试销初期,企业可按保本价格或低利润的价格销售,先做出一定的牺牲,待该商品在市场上站稳并为客户所接受时,再进行逐步提价。这是一种考虑未来利益的长远定价方法。

2.对市场已有的新产品定价时,可以参考市场上同类产品的价格,再结合本企业产品的特点制定出合适的价格。

(三)特殊情况定价

这里的“ 特殊情况”是指企业尚有剩余生产能力未被充分利用,或遇到强劲的竞争对手等情况。在这些情况下,通常的做法是,可按贡献方式确定价格。其基本的思路:以单位变动成本为最低标准或基础价格,只要所确定价格不低于或高于该基础价格,也即只要有边际贡献([销售收入-变动成本]>0)能用于补偿固定成本或形成利润,该价格即为可行。

【例6-7】某公司生产乙产品,年设计生产能力为1万件,销售单价为100元。其单位制造成本为80元,其中,直接材料费用40元,直接人工费用18元,制造费用中的变动制造费用8元,固定制造费用14元。现在该公司每年尚有40%的生产能力闲置。某日,一客户提出要该公司以每件70元的价格为其生产4000件该产品,且该厂订货中有某种额外要求,需购置一台专用设备,价值5000元。

按照传统的观念来看,这笔加工业务不能做,该价格不应接受,宁可让其设备闲置。因为每件产品单位制造成本80元,而每件售价只有70元,每件亏损10元;而且还要增加5000元的固定资产投资,会产生高达45 000元的损失。

如果按照边际贡献来分析,该批订货是完全可以接受的。分析如下:

单位边际贡献:70-(40+18+8)=4(元)

边际贡献总额:4000×4=16 000(元)

扣除追加投资后边际贡献:16 000-5000=11 000(元)

通过以上计算可以看出,该批订货会使该公司增加利润或减少亏损总计11000元,因此订货价格是可行的。主要因为:这笔业务承担的前提条件是利用剩余生产能力,即使没有这笔业务,固定费用照常发生,因而它不是该项决策的决定因素,可以不予考虑。只要对方出价高于本次订货的相关成本——包括变动成本和专属固定成本,即能提供边际贡献,就会增加本企业利润总额或减少本企业亏损总额。

二、销售收入管理的意义及要求

企业在对销售收入进行科学的预测后,为保证销售收入的实现,还必须加强对销售收入实现环节的管理及控制,尤其要加强日常收入的管理。

(一)销售收入管理的意义

销售收入管理是企业财务管理的一个重要方面,它关系到企业的生存和发展。加强销售收入管理对企业具有重要的意义。

1.及时取得销售收入是补偿耗费、持续经营的基本前提。企业在生产经营过程中,为了取得销售收入,要耗费很多人力、物力和财力,这些耗费都需要从销售收入中得到补偿,因此,销售收入的实现关系到企业再生产活动的正常进行。

2.及时取得销售收入,是加速资金周转、提高资金利用效果的重要环节。

3.及时取得销售收入,是实现利润、分配利润的必要条件。

(二)销售收入管理的要求

企业在生产经营过程中,为了增加销售收入,必须组织好生产经营活动,加强各个经营环节的管理,做好预测、决策、计划和控制工作。一般来说,销售收入的管理应该注意以下几点。

1.加强对市场的预测分析,调整企业的经营战略

收入的预测分析实际是对未来市场动态与销售情况所进行的分析和判断。在市场经济体制下,企业依靠市场生存,以销定产,销售预测极为重要。企业财务部门和销售部门应该深入进行市场调查研究,充分考虑影响收入的各项因素,包括社会发展规模和速度、社会购买力水平、消费结构和消费倾向、市场价格、竞争态势等,采用科学的方法,对销售收入做出科学合理的预测。

2.根据市场预测,合理地制定商品的销售价格

商品销售价格是决定收入的一个重要因素,商品价格的制定,直接影响消费者的需求数量,影响收入的总额。价格受市场供求规律的约束和关联产品的影响。制定商品的价格时,既要考虑企业自身的经济利益,又要兼顾公众消费的承受能力,利用定价策略,科学合理制定商品销售价格,努力提高销售收入。

3.有效实施收入的日常管理,提高企业的经济效益

销售是企业生产经营过程至关重要的一环。为保证收入的实现,应加强销售收入日常活动的控制。包括根据预测情况做出合理的计划,科学地安排生产,严格认真地签订和履行销售合同,建立健全销售岗位责任制度和控制制度,做好销售收入的考核与分析,将销售收入与奖惩措施挂钩,有关部门做好售后服务与货款回笼工作。

【案例分析】

蒙牛定价策略分析

蒙牛创造了举世瞩目的"蒙牛速度"和"蒙牛奇迹":从无市场、无工厂、无奶源、无品牌的不知名企业,发展成为在全国拥有20多个生产基地,拥有液态奶、冰淇淋、奶品、奶粉、奶酪五大系列200多个品项的乳品集团,在中国乳品行业中扮演着开拓者和变革者的角色。下面来看看蒙牛的定价策略。

为了更好地满足目标顾客的需求,蒙牛还利用更为细化的市场细分变量对目标顾客再次进行细分。蒙牛的长期发展目标是要把产品系列建设得更加完整、覆盖面更广,从而最大限度地满足各类消费者不同的消费需求。根据不同的目标顾客消费的产品不同,蒙牛制定了不同的价格标准。

蒙牛的价格策略是市场竞争中的经典。蒙牛在不同目标市场上采用不同的价格策略。其中在低端市场上,蒙牛采用竞争性定价策略,确保与主要竞争对手相比保持竞争优势;而在中高端市场上,蒙牛采用高价策略,通过产品的高质量和差异化获得消费者的满意和忠诚,从而赢得更大的利润空间。

蒙牛在具体制定价格方面,主要采取两种定价方式:竞争性定价和逆向涨价。

竞争性定价:通常指以竞争对手相关同类产品的价格为参照确定自己企业产品的价格,双方价格基本持平,从而避免恶性竞争。蒙牛与伊利是中国乳品行业的领军者,目标市场相同,产品类似,产地相同,是最为直接的竞争对手。在蒙牛创业初期,伊利企图通过价格战打垮蒙牛,蒙牛在应对与伊利的竞争时,在价格策略上采取竞争性定价策略,即"贵一角":蒙牛的价格永远比伊利的贵一角。结果,蒙牛"贵一角"的竞争性定价策略有效抵制了伊利的价格战。

逆向涨价:蒙牛在价格制定上始终坚持优质高价的策略,从不轻易与竞争对手打价格战。针对高端奶品,蒙牛不仅不降价,相反还逆向涨价。如2006年,蒙牛在乳制品行业一贯降价的行业走势中提高特仑苏牛奶的价格,涨幅达到16%。整体而言,蒙牛在价格策略上从不打价格战,而是通过产品的高质量和差异化赢得消费者的青睐。

案例思考:

1. 扩大销售收入的途径有哪些?
2. 产品定价策略有哪些?
3. 作为顾客,你在选择蒙牛和伊利产品时,如何考虑?

第七章　利润管理

【学习内容及目的】

本章主要介绍利润的概念、利润的预测、利润管理的要求，以及利润分配的方法等内容。通过本章的学习，要求掌握利润预测的量本利分析法及目标利润预测法；了解利润分配的原则、利润分配的顺序和股利分配政策的基本原理和方法；熟悉股利分配的程序。

第一节　利润管理概述

一、利润的概念及构成

利润是指企业在一定时期内的经营成果，综合反映了一定期间的经营业绩和获利能力。它是考核、衡量企业生产经营活动成果与经济效益好坏的最主要指标，是企业在市场中生存和发展的决定因素。利润包括营业利润、利润总额、净利润。

(一)营业利润

营业利润是企业在一定期间内从事日常生产经营活动所获取的利润，是企业利润的主要来源。

营业利润=营业收入－营业成本－营业税金及附加－销售费用－管理费用－财务费用－资产减值损失+公允价值变动收益+投资收益

1.营业收入

营业收入是指企业在从事销售商品、提供劳务和让渡资产使用权等日常经营业务过程中所形成的经济利益的总流入。分为主营业务收入和其他业务收入。

2.营业成本

营业成本是指企业所销售商品或者提供劳务的成本。营业成本又分为主营业务成本和其他业务成本。

3.营业税金及附加

营业税金及附加反映企业经营的主要业务应负担的营业税、消费税、资源税、教育税附加、城市维护建设税等。

4.销售费用

销售费用是指企业在销售产品、提供劳务等日常经营过程中发生的各项费用以及专设销售机构的各项经费。

5.管理费用

管理费用是指企业行政管理部门为组织和管理生产经营活动而发生的各种费用。

6.财务费用

财务费用是指企业筹集生产经营所需资金而发生的费用。

7.资产减值损失

资产减值损失是指企业在资产负债表日,经过对资产的减值测试,判断资产的可收回金额低于其账面价值而计提资产减值损失准备所确认的相应损失。

8.公允价值变动收益

公允价值变动收益是指资产或负债因公允价值变动所形成的收益。

【知识链接】

公允价值是指在公平交易中,熟悉情况的交易双方自愿进行资产交换或者债务清偿的金额。比方说企业买股票,1元/股,企业购入1万股。到年末,股票涨到1.5元/股,其中的差额0.5×10 000=5000元,就是公允价值变动收益。

9.投资收益

投资收益是对外投资所取得的利润、股利和债券利息等收入减去投资损失后的净收益。

(二)利润总额

利润总额是指企业在一定期间所实现的全部利润总数,也称“税前利润”,其计算公式:

利润总额=营业利润+营业外收入-营业外支出

营业外收入和营业外支出是指与企业日常生产经营活动没有直接关系的各种收入和支出。

(三)净利润

净利润是指在利润总额中按规定交纳了所得税以后公司的利润留存,一般也称为税后利润。净利润的计算公式:

净利润=利润总额-所得税费用

净利润是一个企业经营的最终成果,净利润多,企业的经营效益就好;净利润少,企业的经营效益就差。它是衡量一个企业经营效益的主要指标。

二、利润预测

利润预测是指企业在通过对销售量、成本费用以及其他对利润产生影响因素的分析和研究,进而对企业未来某一时期可以实现的利润预期数的预计和测算。

利润预测是财务预测的重要组成部分，能为企业编制利润计划和进行目标管理提供依据。营业利润的预测主要有以下几种方法。

(一)量本利分析法

量本利分析法,全称为产量成本利润分析法,是通过分析产品数量、生产成本、销售利润和这三者的关系,掌握盈亏变化的规律,使企业选择能够以最小的成本生产最多产品并可使企业获得最大利润的经营方案。

量本利分析是以成本性态分析和变动成本法为基础的。其基本公式是变动成本法下计算利润的公式,该公式反映了价格、成本、业务量和利润各因素之间的相互关系。即:

利润=销售收入-总成本

=销售价格×销售量-(变动成本+固定成本)

=销售单价×销售量-单位变动成本×销售量-固定成本

=销售量×(销售单价-单位变动成本)-固定成本

该公式是量本利分析的基本出发点,以后的量本利分析都是在该公式基础上进行的。

【例7-1】假设某企业只生产和销售一种产品,预计该产品售价为80元,单位变动成本为30元,固定成本为30 000元,销售量1000件。计算目标利润。

目标利润 =销售量×(销售单价-单位变动成本)-固定成本

=1000×(80-30)-30 000=20 000(元)

(二)比例测算法

比例测算法指根据利润与有关财务指标的比率关系来测算未来一定时期目标利润数额的方法。

1.销售利润率法

目标利润=预计销售收入×上年销售利润率

【例7-2】某生产企业销售利润率一直平稳,保持在10%,预计年度主营业务收入可达到2000万元。预测计划年度目标利润。

目标利润=2000×10%=200(万元)

2.资金成本率法

目标利润=预计资金平均占用额×上年资金利用率

预计资金平均占用额和预计销售收入是根据资金或销售预测的数据来确定的；目标资金利润率或目标销售利润率是根据企业的历史资料和现实条件，参考同行业的先进水平来确定的。

三、增加利润的途径

获取利润不仅是企业经营的目的,企业扩大再生产的重要前提,也是国家征收所得税、形成财政积累资金的主要来源。只有不断增加企业的利润,才能保证国家财政收入的稳定增长,保证国家以及企业经济发展对资金的需要。因此,企业应当在坚持社会主义经营方向和遵纪守法的前提下,通过正确的途径去增加企业的利润。增加企业利润的途径主要有以下几种。

(一)扩大销售渠道,增加收入

扩大销售渠道、增加收入是企业增加利润的最主要的途径。企业应采用各种销售手段,不断调整商品结构,积极组织、增加适销对路的商品,开发促销渠道,做好经营工作,扩大销售,尽可能多地增加营业收入。扩大销售,不仅可以直接有效地增加企业的利润,而且可以降低单位产品所负担的固定费用,从而使企业更多地获利。

(二)降低产品成本,减少费用支出

降低产品成本、减少费用支出是企业增加利润的又一条重要途径。对制造企业来说,在产品销售价格和税率不变的情况下,通过日常成本控制和管理,节约材料费用、人工费用等支出,有效降低产品成本,可以直接增加企业的利润。同时,包括与其他企业在经营活动过程中开展增收节支的劳动竞赛,节约各种期间费用的支出,减少营业外支出,都会相应地增加企业的利润。所以,降低产品成本和减少费用支出也是增加企业利润的主要途径。

(三)提高产品质量,减少损失

提高产品质量,不断提高合格产品和优质产品的数量比例,不仅可以提高产品的信誉,而且可以实现产品的优质优价,以扩大销售量;同时还可以减少产品成本中的废品损失,进一步降低产品成本,增加企业利润。

(四)加速资金周转,减少资金成本

加速资金周转,合理使用资金,减少不合理资金占用,可以减少利息等费用的支出,降低产品成本中所含的固定费用,还可以用节约出来的资金去生产和经营更多的商品,更充分地发挥资金的经济效益,赚取更多的利润。

四、利润管理的要求

(一)树立正确的盈利理念,增加合理利润

在市场经济中获取利润是企业经营的主要目标。企业应该在国家法律允许的范围内,不断增加产品的品种、数量,提高产品质量,降低成本,加速资金周转,努力增加企业利润。还应遵循企业生产规律和市场规律,树立正确的盈利理念,取得经济效益的同时,考虑社会效益,使企业的利润达到最大化。

(二)建立目标责任制,强化目标利润管理

在企业内部建立若干利润责任中心,把企业总体目标分解落实到各个责任中心;以责任中心为考核单位,进行全面的考核总结评价,并进行相应的奖罚以督促目标利润的完成。

(三)严格遵守财经法规,正确反映企业利润

企业的一切收支核算必须执行国家有关财经法规的规定。在计算财务成果时,必须正确计算成本的结转、费用的分摊、收支的结转,以及做好各种营业外收支的确认。应如实反映企业的财务状况和经营成果,保证利润的真实性,并按照国家的规定,合理进行利润的分配。

第二节 利润分配

一、利润分配的原则

利润分配，是将企业实现的净利润，按照国家财务制度规定的分配形式和分配顺序，在国家、企业和投资者之间进行的分配。利润分配的过程与结果，是关系到所有者的合法权益能否得到保护，企业能否长期、稳定发展的重要问题。为此，企业必须加强利润分配的管理和核算。企业利润分配的主体一般有国家、投资者、企业和企业内部职工。利润分配的对象主要是企业实现的净利润。

作为一项重要的财务活动，企业的利润分配应当遵循以下原则。

(一)依法分配原则

企业必须严格遵守国家法律法规及企业的规章制度，按规定的分配程序和比例进行利润分配。企业利润分配的对象是企业缴纳所得税后的净利润，国家有关法律、法规对企业利润分配的基本原则、一般顺序和重大比例也做了较为明确的规定。其目的是为了保障企业利润分配的有序进行，维护企业和所有者、债权人以及职工的合法权益，促使企业增加积累，增强风险防范能力。

(二)资本保全原则

资本保全是指企业在分配中不能侵蚀资本。利润的分配是对经营中资本增值额的分配，不是对资本金的返还。按照这一原则，一般情况下，企业如果存在尚未弥补的亏损，应首先弥补亏损，再进行其他分配。

(三)保护债权人利益原则

企业必须在利润分配之前按照风险承担的顺序及其合同契约的规定偿清所有债权人到期的债务，否则不能进行利润分配。同时，在利润分配之后，企业还应保持一定的偿债能力，以免产生财务危机，危及企业生存。此外，企业在与债权人签订某些长期债务契约的情况下，其利润分配政策还应征得债权人的同意或审核方能执行。

(四)兼顾各方利益原则

利润分配涉及投资者、经营者、职工等多方面的利益，企业必须兼顾，并尽可能地保持稳定的利润分配。在企业获得稳定增长的利润后，应增加利润分配的数额或百分比。同时，由于发展及优化资本结构的需要，除依法必须留用的利润外，企业仍可以出于长远发展的考虑，合理留用利润。在积累与消费关系的处理上，企业应贯彻积累优先的原则，合理确定提取盈余公积金和分配给投资者利润的比例，使利润分配真正成为促进企业发展的有效手段。

二、利润分配的顺序

(一)计算可供分配的利润

将本年净利润(或亏损)与年初未分配利润(或亏损)合并,计算出可供分配的利润。如果可供分配利润为正数(即本年累计盈利),则进行后续分配。如果可供分配的利润为负数(即亏损),则不能进行后续分配。即公司的法定盈余公积金不足以弥补以前年度亏损的,在提取法定盈余公积金之前,应当先用当年利润弥补亏损。

按照我国财务通则和税法的规定,企业年度亏损,可以由下一个年度的税前利润进行弥补,下一年度税前利润尚不足以弥补的,可以由以后年度的利润继续弥补,但用税前利润弥补以前年度亏损的连续期限最多不得超过5年。

(二)提取法定盈余公积金

在不存在年初累计亏损的前提下,法定盈余公积金按照税后净利润的10%提取。法定盈余公积金已达注册资本的50%时可不再提取。提取的法定盈余公积金用于弥补以前年度亏损或转增资本金。但转增资本金后留存的法定盈余公积金不得低于注册资本的25%。

(三)提取任意盈余公积金

任意盈余公积金计提标准由股东大会确定,如确因需要,经股东大会同意后,也可用于分配。

(四)向股东(投资者)支付股利(分配利润)

企业以前年度未分配的利润,可以并入本年度分配。公司股东会或董事会违反上述利润分配顺序,在弥补亏损和提取法定公积金之前向股东分配利润的,必须将违反规定发放的利润退还公司。

三、股利分配政策

股利分配是指企业向股东分派股利,是企业利润分配的一部分。股利政策的关键问题是确定分配和留存的比例,企业是否发放股利,发放多少股利以及何时发放股利。在实际工作中通常有下列几种股利发放政策可供选择。

(一)剩余股利政策

1. 分配方案的确定

剩余股利政策就是在公司有着良好的投资机会时,根据一定的目标资本结构(最佳资本结构),测算出投资所需的权益资本,先从盈余当中留用,然后将剩余的盈余作为股利予以分配。

采用剩余股利政策时,应遵循四个步骤:

(1)设定目标资本结构,即确定权益资本与债务资本的比率。在此资本结构下,加权平均资本成本将达到最低水平。

(2)确定目标资本结构下投资所需的股东权益数额。

(3)最大限度地使用保留盈余来满足投资方案所需的权益资本数额。

(4)投资方案所需权益资本已经满足后若有剩余盈余,再将其作为股利发放给股东。

2.采用本政策的理由

奉行剩余股利政策,意味着公司只将剩余的盈余用于发放股利。这样做的根本理由是为了保持理想的资本结构,使加权平均资本成本最低。举例说明:

【例7-3】某公司当年全部可用于分配股利的盈余为800万元,第二年的投资计划所需资金1000万元,公司的目标资金结构为权益资本占60%、债务资本占40%。该公司当年流通外的普通股400万股。根据剩余股利政策,该公司当年每股股利应为多少?

解:投资方案中所需的权益资本=1000×60%=600(万元)

当年可用于发放的股利额=800-600=200(万元)

每股股利=$\frac{200}{400}$=0.5(元)

(二)固定或持续增长股利政策

1.分配方案的确定

这一股利政策是将每年发放的股利固定在某一相对稳定的水平上并在较长的时期内不变,只有当公司认为未来盈余会显著地、不可逆转地增长时,才提高年度的股利发放额。

2. 采用本政策的理由

固定或持续增长股利政策的主要目的是避免出现由于经营不善而削减股利的情况。采用这种股利政策的理由在于:

(1)稳定的股利向市场传递着公司正常发展的信息,有利于树立公司良好形象,增强投资者对公司的信心,稳定股票的价格。

(2)稳定的股利额有利于投资者安排股利收入和支出,特别是对那些对股利有着很高依赖性的股东更是如此。而股利忽高忽低的股票,则不会受这些股东的欢迎,股票价格会因此而下降。

(3)稳定的股利政策可能会不符合剩余股利理论,但考虑到股票市场会受到多种因素的影响,其中包括股东的心理状态和其他要求,因此为了使股利维持在稳定的水平上,即使推迟某些投资方案或者暂时偏离目标资本结构,也可能要比降低股利或降低股利增长率更为有利。

该股利政策的缺点在于股利的支付与盈余相脱节。当盈余较低时仍要支付固定的股利,这可能导致资金短缺,财务状况恶化;同时不能像剩余股利政策那样保持较低的资本成本。

(三)固定股利支付率政策

1.分配方案的确定

固定股利支付率政策,是公司确定一个股利占盈余的比率,长期按此比率支付股利的政策。在这一股利政策下,每年股利额随公司经营的好坏而上下波动,获得较多盈余的年份股利额高,获得盈余少的年份股利额就低。

2. 采用本政策的理由

主张实行固定股利支付率的人认为,这样做能使股利与公司盈余紧密地配合,以体现多赢多分、少盈少分、无盈不分的原则,才算真正公平地对待了每一位股东。但是,在这种政策下各年的股利变动较大,极易造成公司不稳定的感觉,对于稳定股票价格不利。

(四)低正常股利加额外股利政策

1.分配方案的确定

低正常股利加额外股利政策,是公司一般情况下每年只支付固定的、数额较低的股利,在盈余多的年份,再根据实际情况向股东发放额外股利。但额外股利并不固定化,不意味着公司永久地提高了规定的股利率。

2. 采用本政策的理由

(1)这种股利政策使公司具有较大的灵活性。当公司盈余较少或投资需用较多资金时,可维持设定的较低但正常的股利,股东不会有股利跌落感;而当盈余有较大幅度增加时,则可适度增发股利,把经济繁荣的部分利益分配给股东,使他们增强对公司的信心。这有利于稳定股票的价格。

(2)这种股利政策可使那些依靠股利度日的股东每年至少可以得到虽然较低但比较稳定的股利收入,从而吸引住这部分股东。

四、股利政策的选择

以上四种股利政策各有利弊。公司选取股利政策时,必须结合自身情况,选择最适合本公司当前和未来发展的股利政策。其中居主导地位的影响因素是公司目前所处的发展阶段。公司应根据自已所处的发展阶段来确定相应的股利政策。

公司初创阶段:公司经营风险高,融资能力差,宜采用剩余股利政策。

公司高速发展阶段:产品销售急剧上升,需要进行大规模的投资,宜采用低正常股利加额外股利政策。

公司稳定增长阶段:销售收入稳定增长,市场竞争力增强,行业地位已经巩固,公司投资需求减少,净现金流入量稳步增长,每股净利润呈上升态势,宜采用固定或持续增长股利政策。

公司成熟阶段:产品市场趋于饱和,销售收入不再增长,利润水平稳定,公司通常已积累了一定的盈余和资金,宜采用固定股利支付率政策。

公司衰退阶段:产品销售收入减少,利润下降,公司已不具备较强的股利支付能力,宜采用剩余股利政策。

总之,公司制定股利政策应综合考虑各种影响因素,分析其优缺点,并根据公司的成长周期,恰当地选取适宜的股利政策,使股利政策能够与公司的发展相适应。

五、确定股利政策时应考虑的因素

(一)法律因素

为了保护债权人和股东的利益,法律法规会就公司的收益分配做出规定,公司的收益分配政策必须符合相关法律规范的要求。

(二)公司因素

公司出于长期发展和短期经营的考虑,需要考虑以下因素,来确定收益分配政策。

1.现金流量

公司资金的正常周转,是公司生产经营得以有序进行的必要条件。因此,保证企业正常的经营活动对现金的需求是确定收益分配政策的最重要的限制因素。

2.投资需求

企业的收益分配政策应当考虑未来投资的需求。如果一个公司有较多的投资机会,那么,它更适合采用低股利支付水平的分配政策。相反,如果一个公司的投资机会较少,那么就有可能倾向于采用较高的股利支付水平的分配政策。

3.筹资能力

企业收益分配政策受其筹资能力的限制。如果公司具有较强的筹资能力,随时能筹集到所需资金,那么公司具有较强的股利支付能力,有可能倾向于采用较高股利支付水平的分配政策。

4.资产的流动性

企业现金股利的支付能力,在很大程度上受其资产变现能力的限制。较多地支付现金股利,会减少企业的现金持有量,使资产的流动性降低。而保持一定的资产流动性是企业正常运转的基础和必备条件。

5.盈利的稳定性

企业的收益分配政策在很大程度上会受其盈利稳定性影响。一般来讲,一个公司的盈利稳定,则其股利支付水平也就越高。

6.筹资成本

留存收益是企业内部筹资的一种重要方式,它同发行新股或举债相比,具有成本低的优点。因此,很多企业在确定收益分配政策时,往往将企业的净收益作为首选的筹资渠道,特别是在负债资金较多、资本结构欠佳的时期。

7.股利政策一惯性

一般情况下,企业不宜经常改变其收益分配政策。企业在确定收益分配政策时,应充分考虑股利政策调整有可能带来的负面影响 。如果企业历年采取的股利政策具有一定的连续性和稳定性,那么重大的股利政策调整有可能对企业的声誉、股票价格、负债能力、信用等多方面产生影响。

8.其他因素

企业收益分配政策的确定还会受其他公司的影响。如上市公司所处行业会影响到它的股利政策。

(三)股东因素

股东在收入、控制权、税赋、风险及投资机会等方面的考虑也会对企业的收益分配政策产生影响。

(四)债务契约与通货膨胀因素

1.债务契约

一般来说,股利支付水平越高,留存收益越少,公司的破产风险就会越大,就越有可能损害到债权人的利益。

2.通货膨胀

通货膨胀会带来货币购买水平下降、固定资产重置资金来源不足,此时,企业往往不得不考虑用一定的利润来弥补由于货币购买力水平下降而造成的固定资产重置资金缺口。

六、股利支付形式与程序

(一)股利支付形式

1.现金股利

用现金支付股利,属于常见和主要的股利支付方式。公司支付现金股利除了要有累计盈余外,还要有足够的现金,因此公司在支付现金股利前需筹备充足的现金。

2.财产股利

以现金以外的资产支付股利,主要是以公司所拥有的其他公司的有价证券(债券、股票等)作为股利支付给股东。

3.负债股利

公司以负债支付股利,通常用应付票据或发行公司债券作为股利。

4.股票股利

以增发股票的方式支付股利,我国实务中通常也称其为"红股"。

(二)股利的发放程序

1.股利宣告日

宣告日这一天由公司的董事会将股利的发放情况予以公告,同时公布股权登记日、除息日和股利发放日。

2.股权登记日

股权登记日,又称除权日,即有权领取股利的股东资格登记截止日期,通常在宣布发放股利后的两至三周后。

3.除息日

除息日,即除去股利的日期,一般在股权登记日的前4个营业日至股权登记日当天。

4.股利发放日

股利发放日,又称付息日,即将股利正式发放给股东的日期。在这一天,公司将通过邮寄支票、汇款等各种方式将股利支付给股东。

【案例分析】

万科公司股利政策分析

一、万科公司简介

万科企业股份有限公司成立于1984年5月,是目前中国最大的专业住宅开发企业。2008年公司完成新开工面积523.3万平方米,竣工面积529.4万平方米。实现销售金额478.7亿元,结算收入404.9亿元。净利润40.3亿元。万科认为坚守价值底线、拒绝利益诱惑、坚持以专业能力从市场获取公平回报是万科获得成功的基石。公司致力于通过规范、透明的企业文化和稳健、专注的发展模式成为最受客户、最受投资者、最受员工、最受合作伙伴欢迎,最受社会尊重的企业。凭借公司治理和道德准则上的表现,公司连续6次获得"中国最受尊敬企业"称号。2008年入选《华尔街日报》亚洲版"中国十大最受尊敬企业"。

二、历年股利政策分析

股利政策是上市公司的重要财务决策之一。上市公司制定恰当的股利政策有利于实现上市公司、广大投资者以及资本市场三赢局面。理性的股利政策是公司成长战略一个不可或缺的组成部分。

万科公司历年股利分配

年份	股利分配情况
1998	10送1派1
1999	10派1.5
2000	10派1.8
2001	10派2
2002	10转10派2
2003	10送1转4派0.5
2004	10转5派1.5
2005	10派1.5
2006	10转5派1.5
2007	10转6派1

从万科公司历年股利政策的变动情况可以看出:万科公司股利发放基本上是逐年递增的,随着公司经营业绩的大幅增加,股利的发放数额增速较快。从万科公司多年股利发放的

数据可以看出：随着万科公司经营业绩的逐年提升，公司更多使用了股票股利的形式，现金股利占股利发放的比例不但没有提高甚至有下降趋势。

万科公司改变股利发放形式主要基于以下原因：(1)发放股票股利不需要向股东支付现金，可将现金留存公司用于追加投资，同时减少筹资费用。(2)发放股票股利可以降低公司股票的市场价格。公司在其股票价格较高，不利于股票交易和流通时，通过发放股票股利来适当降低股价水平，促进公司股票的交易和流通。(3)便于今后配股融通更多资金和刺激股价。(4)可传递公司未来经营绩效的信号，增强经营者对公司未来的信心。(5)在股票股利降低每股市价的时候，会吸引更多的投资者成为公司的股东，从而可以使股权更为分散，有效地防止公司被恶意控制。

三、万科公司股利政策总结

1. 股利政策应当促进公司的稳定发展。支付水平过低，虽然有助于增强发展后劲，但会动摇股东信心，引起股价下跌，进而影响公司的筹资能力。为使股利政策与公司长远发展相适应，可根据企业的生命周期，在创立期侧重积累，在成长期采用低现金、辅以送股的股利政策。在成熟期，则应逐步提高现金股利水平并使其稳定下来。

2. 股利政策应当有利于股价稳定。其基本策略为，公司业绩好且股价过高时，应考虑削减现金股利，并增发股票股利，以降低股价。在公司业绩一般，而股价偏低时，则应多派现而少送股，以刺激股价回升。

3. 股利政策应有利于平衡股东之间的利益关系。由于控股股东对公司经营具有较大的控制权，公司的股利政策往往体现了他们的利益。但如过分忽视中小股东的利益则会引起中小股东的不满，导致股价下跌。另外股利政策的制定还应与宏观经济环境相适应。如应考虑利率、税率的变动而相应调整股利支付水平，以降低资本成本及合理避税。

4. 还应考虑企业自身的财务状况。具体而言，是要注意利润与现金流量的差异，而选择现金股利或股票股利。

有理由相信，随着我国证券市场的逐步规范和不断完善，上市公司必将逐渐在企业内部建立完善的利润分配机制，真正从企业发展的战略角度制定政策。

案例思考：

1.股利分配政策有几种？

2.万科公司运用了哪几种股利政策？

第八章 财务预算

【学习内容及目的】

本章主要介绍财务预算的概念及作用、财务预算种类,分别介绍固定预算与弹性预算、增量预算与零基预算、定期预算与滚动预算的基本含义,介绍了现金预算的编制方法。通过本章的学习,应了解财务预算的体系及基本编制方法,重点掌握现金预算的一系列编制方法。

第一节 财务预算概述

一、财务预算体系

(一)财务预算的概念

财务预算是对企业未来一段时间的资金运作所做的各种打算和安排。财务预算是反映某一方面财务活动的预算,如反映现金收支活动的现金预算,反映销售收入的销售预算,反映成本、费用支出的生产费用预算(又包括直接材料预算、直接人工预算、制造费用预算)、期间费用预算,反映资本支出活动的资本预算等。

(二)财务预算的作用

财务预算是企业全面预算体系的组成部分,它在全面预算体系中有以下重要作用。

1.明确财务目标

在现代企业财务管理中,财务预算能全面、综合地协调、规划企业内部各部门、各层次的经济关系与职能,使之统一服从于未来经营总体目标的要求。通过编制财务预算,使企业各部门了解本部门应完成的目标以及在实现企业目标中应起的作用和应负的责任。

2.控制财务活动

通过财务预算, 可以建立评价企业财务状况和经营成果的标准。将实际数与预算数对比,可及时发现问题和调整偏差,使企业的经济活动按预定的目标进行,及时控制和纠正不正常、不合理的财务活动或财务问题,保证企业经营目标的实现。

3.协调财务关系

由于企业内部的分工,各部门承担不同的职能,履行不同的责任,因此,各部门间往往会出现工作上和努力方向上不一致的现象。通过编制财务预算,可以使每一部门了解其他部门的目标,明确自身与其他部门的协作关系,减少和消除可能出现的矛盾,为实现共同目标而自觉地协同作战。

4.考核业绩标准

企业财务预算确定的各项指标,也是考核各部门工作成绩的基本尺度。在评定各部门工作业绩时,要根据财务预算的完成情况,分析偏离预算的程度和原因,划清责任,奖罚分明,促使各部门为完成预算规定的目标努力工作。

(三)财务预算的内容

编制财务预算是企业财务管理的一项重要工作。具体包括现金预算、预计利润表、预计资产负债表、预计现金流量表等内容。

财务预算的编制需要以财务预测的结果为根据,并受到财务预测质量的制约。财务预算必须服从决策目标的要求,使决策目标具体化、系统化、定量化。

二、预算的编制方法

企业可以根据不同的预算项目,分别采用固定预算、弹性预算、增量预算、零基预算、定期预算和滚动预算等方法编制各种预算。

(一)固定预算与弹性预算

1.固定预算

固定预算又称静态预算,是以预算期内正常的、可能实现的某一业务量(如生产量、销售量)水平为固定基础,不考虑可能发生的变动因素而编制预算的方法。一般来说,固定预算只适用于业务量水平较为稳定的企业编制预算。

固定预算法的优点是简便易行。

固定预算法的缺点表现在:

(1)过于呆板,因为编制预算的业务量基础是事先假定的某个业务量,在这种方法下,不论预算期内业务量水平实际可能发生哪些变动,都只按事先确定的某一个业务量水平作为编制预算的基础。

(2)可比性差。当实际的业务量与编制预算所依据的业务量发生较大差异时,有关预算指标的实际数与预算数就会因业务量基础不同而失去可比性。

2.弹性预算

弹性预算也称变动预算,是指以预算期间可能发生的多种业务量水平为基础,根据量、本、利之间的依存关系,编制出一套适应多种业务量的费用预算。该方法是为了弥补固定预算的缺陷而产生的。编制弹性预算所依据的业务量可能是生产量、销售量、机器工时、材料消耗量和直接人工工时等。

弹性预算的优点表现在：一是预算范围宽；二是可比性强。

弹性预算一般适用于与预算执行单位业务量有关的成本(费用)、利润等预算项目。

编制弹性预算的步骤如下：

(1)选择和确定各种经营活动的计量单位，比如人工工时、机器工时等。

(2)预测和确定可能达到的各种经营活动业务量。在确定经济活动业务量时，要与各业务部门共同协调，一般可按正常经营活动水平的70%~120%为范围确定，也可按过去历史资料中的最低业务量和最高业务量为上下限，然后再在其中划分若干等级，这样编制出的弹性预算较为实用。

(3)根据成本性质和业务量之间的依存关系，将企业生产成本划分为变动和固定两个类别，并逐项确定各项费用与业务量之间的关系。

(4)计算各种业务量水平下的预测数据，并用一定的方式表示，形成某一项的弹性预算。

弹性预算的编制，可以采用公式法，也可以采用列表法。

(1)公式法。公式法是假设成本和业务量之间存在线性关系，成本总额、固定成本总额、业务量和单位变动成本之间的变动关系可以表现为：

$$Y=a+bx$$

其中，Y是成本总额，a表示不随业务量变动而变动的那部分固定成本，b是单位变动成本，x是业务量，某项目成本总额Y是该项目固定成本总额和变动成本总额之和。这种方法要求按上述成本与业务量之间的线性假定，将企业各项目成本总额分解为变动成本和固定成本两部分。

公式法的优点是在一定范围内预算可以随业务量变动而变动，可比性和适应性强，编制预算的工作量相对较小；缺点是按公式进行成本分解比较麻烦，对每个费用子项目甚至细目逐一进行成本分解，工作量很大。

(2)列表法。列表法是指通过列表的方式，将与各种业务量对应的预算数列示出来的一种弹性预算编制方法。

列表法的主要优点是可以直接从表中查得各种业务量下的成本费用预算，不用再另行计算，因此直接、简便；缺点是编制工作量较大，而且由于预算数不能随业务量变动而任意变动，弹性仍然不足。

(二)增量预算与零基预算

1.增量预算，又称调整预算方法，是指以基期成本费用水平为基础，结合预算期业务量水平及有关影响成本因素的未来变动情况，通过调整有关原有费用项目而编制预算的一种方法。这是一种传统的预算方法。增量预算以过去的费用发生水平为基础，主张不需在预算内容上做较大的调整。它的编制遵循如下假定：

第一，企业现有业务活动是合理的，不需要进行调整；

第二，企业现有各项业务的开支水平是合理的，在预算期内予以保持；

第三，以现有业务活动和各项活动的开支水平，确定预算期各项活动的预算数。

增量预算步骤：

(1)资金被分配给各部门或单位,然后这些部门或单位再将资金分配给适当的活动或任务。

(2)增量预算基本上都是从前一期的预算推演出来的,每一个预算期间开始时,都采用上一期的预算作为参考点,而且只有那些要求增加预算的申请才会得到审查。

然而，这两个特征都可能产生一些问题。增量预算编制方法的缺陷是可能导致无效费用,开支项目无法得到有效控制。因为不加分析地保留或接受原有的成本费用项目,可能使原来不合理的费用继续开支而得不到控制,形成不必要开支合理化,造成预算上的浪费。

2.零基预算,是指在编制预算时对所有的预算支出,均以零为基数,不考虑以前的执行情况,从根本上研究分析每项预算是否有支出的必要和支出数额的大小。

零基预算的程序如下：

第一,企业内部各级部门的员工,根据企业的生产经营目标,详细讨论计划期内应该发生的费用项目,并对每一费用项目编写一套方案,提出费用开支的目的以及需要开支的费用数额。

第二,划分不可避免费用项目和可避免费用项目。在编制预算时,对不可避免费用项目必须保证资金供应;对可避免费用项目,则需要逐项进行成本与效益分析,尽量控制不可避免项目纳入预算当中。

第三,划分不可延缓费用项目和可延缓费用项目。在编制预算时,应根据预算期内可供支配的资金数额在各费用之间进行分配。应优先安排不可延缓费用项目的支出。然后,再根据需要,按照费用项目的轻重缓急确定可延缓项目的开支。

零基预算的优点表现在：

(1)不受现有费用项目的限制；

(2)不受现行预算的束缚；

(3)能够调动各方面节约费用的积极性；

(4)有利于促使各基层单位精打细算,合理使用资金。

(三)定期预算与滚动预算

1.定期预算

定期预算是指在编制预算时,以不变的会计期间作为预算期的一种编制预算的方法。这种方法的优点是能够使预算期间与会计年度相对应,便于将实际数与预算数进行比较,也有利于对预算执行情况进行分析和评价。 但这种方法固定以1年为预算期，在执行一段时间之后,往往使管理人员只考虑剩下来的几个月的业务量,缺乏长远打算,导致一些短期行为的出现。

按照定期预算方法编制的预算主要有以下缺点：

(1)盲目性。由于定期预算往往是在年初甚至提前两三个月编制的,对于整个预算年度的生产资料活动很难做出准确的预算,尤其是对预算后期的预算只能进行笼统地估算,数据笼统含糊,缺乏远期指导性,给预算的执行带来很多困难,不利于对生产经营活动的考核与评价。

(2)滞后性。由于定期预算不能随情况的变化及时调整,当预算中所规划的各种活动在预算期内发生重大变化时,就会造成预算滞后过时,使之成为虚假预算。

(3)间断性。由于受预算期间的限制,致使经营管理者们的决策视野局限于本期规划的经营活动,通常不考虑下期。例如,一些企业提前完成本期预算后,以为可以松一口气,其他事等来年再说,形成人为的预算间断。因此,按固定预算方法编制的预算不能适应连续不断的经营过程,从而不利于企业的长远发展。为了克服定期预算的缺点,在实践中可采用滚动预算的方法编制预算。

2.滚动预算

滚动预算又称连续预算,是指在编制预算时,将预算期与会计年度脱离开,随着预算的执行不断延伸补充预算,逐期向后滚动,使预算期始终保持为一个固定期间的一种预算编制方法。

滚动预算的基本做法是使预算期始终保持12个月,每过1个月或1个季度,立即在期末增列1个月或1个季度的预算,逐期往后滚动,因而在任何一个时期都使预算保持为12个月的时间长度,故又称连续预算或永续预算。这种预算能使企业各级管理人员对未来始终保持整整12个月时间的考虑和规划,从而保证企业的经营管理工作能够稳定而有序地进行。

滚动预算的编制还采用了长期计划、短期安排的方法进行。那就是在基期编制预算时,先按年度分季,并将其中第一季度按月划分,建立各月的明细预算数字,以便监督预算的执行;至于其他三个季度的预算可以略粗一些,只列各季总数。到第一季度结束后,再将第二季度的预算按月细分,第三、四季度以及增列的下一年度的第一季度的预算只列出各季度的总和……如此类推。采用这种方法编制的预算有利于管理人员对预算资料做经常性的分析研究,并根据当时预算的执行情况及时加以调整。

第二节 现金预算的编制

现金预算的编制应以销售预算为起点,根据各种预算之间的关系,按顺序从前往后逐步进行,直至编制出现金预算表。

一、销售预算的编制

销售预算是根据企业年度的销售预测而确定的预计销售量、销售单价和销售收入等参数编制的,用于规划预算期销售活动的一种业务预算。由于企业其他预算的编制都必须以销售预算为基础,因此,销售预算是编制全面预算的起点。

【例8-1】A公司20××年(计划年度)只生产和销售一种产品,该公司的销售预算如表8-1

所示。A公司70%的价款于销售当月收回，30%的价款于销售的下月收回，3月的应收账款为30 000元。

表8-1 A公司销售收入预算表

20××年度

项目	4月	5月	6月	合计
预计销售量(件)	20 000	50 000	30 000	100 000
单价(元)	10	10	10	10
预计销售收入(元)	200 000	500 000	300 000	1 000 000
3月销售收入(元)	30 000			30 000
4月销售收入(元)	140 000	60 000		200 000
5月销售收入(元)		350 000	150 000	500 000
6月销售收入(元)			210 000	210 000
现金收入(元)	170 000	410 000	360 000	940 000

二、生产预算

生产预算是为规划预算期生产数量而编制的一种业务预算，它是在销售预算的基础上编制的。编制生产预算的主要依据是预算期各种产品的预计销售量及存货期初期末资料。具体计算公式为：

预计生产量=预计销售量+预计期末结存量-预计期初结存量

【例8-2】假设A公司20××年期初结存产成品分别为4000件、10 000件、6000件，期末结存产成品分别为10 000、6000、5000件，预计销售量见表8-1所示。A公司生产预算如表8-2所示

表8-2 A公司生产预算表

20××年度　　单位：件

项目	4月	5月	6月	合计
预计销售量	20 000	50 000	30 000	100 000
加：预计期末结存	10 000	6000	5000	21 000
预计需要量	30 000	56 000	35 000	121 000
减：期初结存量	4000	10 000	6000	20 000
预计生产量	26 000	46 000	29 000	101 000

三、材料采购预算

材料采购预算是为了计划预算期材料消耗及采购情况而编制的一种业务预算。根据预计产品生产量和材料单位耗用量,确定生产需要耗用量,再根据材料的期初期末结存情况,确定材料采购量,最后根据采购材料的付款,确定现金支出情况。

某种材料耗用量=产品预计生产量×单位产品定额耗用量

某种材料采购量=某种材料耗用量+该种材料期末结存量-该种材料期初结存量

【例8-3】假设A公司计划年度期初材料结存量分别为13 000千克、23 000千克、14 500千克,期末结存量分别为23 000千克、14 500千克、11 500千克;每月购买材料的价款一半在购买当月支付,另一半于下月支付,应付账款年初余额为12 000元。其他资料如表8-1和表8-2所示。A公司计划年度材料采购预算如表8-3所示。

表8-3 A公司材料采购预算表

20××年度

项目	4月	5月	6月	合计
预计生产量(件)	26 000	46 000	29 000	101 000
材料定额单耗(千克)	5	5	5	
预计生产需要量(千克)	130 000	230 000	145 000	505 000
加:期末结存量(千克)	23 000	14 500	11 500	49 000
预计需要量合计(千克)	153 000	244 500	156 500	554 000
减:期初结存量(千克)	13 000	23 000	14 500	50 500
预计材料采购量(千克)	140 000	221 500	142 000	503 500
材料计划单价(元/千克)	0.4	0.4	0.4	
预计购料金额(元)	56 000	88 600	56 800	201 400
支付3月采购款(元)	12 000			12 000
支付4月采购款(元)	28 000	28 000		56 000
支付5月采购款(元)		44 300	44 300	88 600
支付6月采购款(元)			28 400	28 400
现金支出合计(元)	40 000	72 300	72 700	185 000

四、直接人工预算

直接人工预算是一种反映预算期内人工工时消耗水平,计划人工成本开支的业务预算。通常情况下,企业往往要雇用不同工时的人工,必须按工种类别计算不同工种的直接人工小时总数;然后将算的直接人工小时总数分别乘以各工种的工资率,再予以合计,即可求得预计直接人工成本的总数。

计算公式如下:

1.预计产品生产直接人工工时总数:

某种产品直接人工总工时=单位产品定额工时×该产品预计生产量

2.预计直接人工总成本:

某种产品直接人工总成本=单位工时工资率×该种产品直接人工工时总数

单位工时工资率来自企业人事部门工资标准和工资总额。

【例8-4】假设A公司单位产品耗用工时为0.05小时,单位工时的工资率为10元/小时,A公司计划年度人工工资预算如表8-4所示。

表8-4 A公司直接人工预算表

20××年度

项目	4月	5月	6月	合计
预计生产量(件)	26 000	46 000	29 000	101 000
单耗工时(小时)	0.05	0.05	0.05	
直接人工小时数(小时)	1300	2300	1450	5050
单位工时工资率(元/小时)	10	10	10	
预计直接人工成本(元)	13 000	23 000	14 500	50 500

由于工资一般都要全部支付现金,因此,直接人工预算表中预计直接人工成本总额就是现金预算中的直接人工工资支付额。

五、制造费用预算

制造费用预算是反映生产成本中除直接材料、直接人工以外的不能直接计入产品制造成本的间接制造费用的预算。这些费用必须按成本习性划分为固定费用和变动费用,分别编制变动制造费用预算和固定制造费用预算。

制造费用预算编制的要点是确定各个变动和固定制造费用项目的预算金额,并确定预计制造费用的现金支出。为方便,一般将制造费用中扣除折旧费用后的余额,作为预算期内的制造费用现金支出。

【例8-5】A公司在计划年度内的变动性制造费用是每单位产品1元;固定性制造费用是每月50 000元;固定性制造费用包括20 000元折旧(这不要求现金流出),如表8-5所示。

表8-5 A公司制造费用预算表

20××年度

项目	4月	5月	6月	合计
生产数量(件)	26 000	46 000	29 000	101 000
变动费用率(元/件)	1	1	1	
变动费用成本(元)	26 000	46 000	29 000	101 000
固定费用(元)	50 000	50 000	50 000	50 000
制造费用合计(元)	76 000	96 000	79 000	251 000
减:折旧(元)	20 000	20 000	20 000	20 000
制造费用现金支出(元)	56 000	76 000	59 000	191 000

六、销售及管理费用预算

销售及管理费用预算是为销售产品和组织一般行政管理工作而发生的各项目费用支出预算。销售及管理费用预算也需要划分固定费用和变动费用,其编制方法也与编制制造费用预算相同。

销售及管理费用预算编制的要点是确定各个变动及固定费用项目的预算数，并确定预计的现金支出。

【例8-6】A公司计划年度内变动性销售及管理费用为每销售一单位产品0.50元，固定性销售管理费用每月70 000元,固定性销售管理费用包括10 000元的折旧(这不会形成现金流出)。如表8-6所示。

表8-6 A公司销售及管理费用预算表

20××年度

项目	4月	5月	6月	合计
预计销售量(件)	20 000	50 000	30 000	100 000
单位产品变动费用率(元/件)	0.5	0.5	0.5	
变动销售管理费用(元)	10 000	25 000	15 000	50 000
固定销售管理费用(元)	70 000	70 000	70 000	70 000
合计(元)	80 000	95 000	85 000	260 000
减:折旧(元)	10 000	10 000	10 000	10 000
预计现金支出(元)	70 000	85 000	7 5000	230 000

七、现金预算

现金预算是反映预计现金收入与现金支出所编制的预算。现金预算由现金收入、现金支出、现金余缺、现金投放与筹措四部分构成。

现金收入-现金支出=现金余缺

财务部门应根据现金余缺与期末现金余额的比较,来确定预算期现金投放或筹措。当现金余缺大于期末现金余额时,应将超过期末余额的多余现金进行投资;当现金余缺小于期末现金余额时,应筹措现金,直到现金总额达到要求的期末现金余额。

四个部分之间应该满足如下关系:

现金收入-现金支出+现金筹措(现金不足时)=期末现金余额

或　　现金收入-现金支出-现金投放(现金多余时)=期末现金余额

【例8-7】假设A公司3月末货币资金余额为150 000元,预算期内现金最低存量80 000元。每月预计缴纳所得税5000元。5月资本支出250 000元。资金充足时购入有价证券,资金不足时先出售有价证券再向银行借款。银行利息忽略不计,有价证券及银行借款取万的整数倍。

表8-7　A公司现金预算表

20××年度　　单位:元

项目	4月	5月	6月	合计
期初现金余额	150 000	86 000	84 700	320 700
现金收入	170 000	410 000	360 000	940 000
现金支出	184 000	511 300	226 200	921 500
材料采购支出	40 000	72 300	72 700	185 000
支付直接人工	13 000	23 000	14 500	50 500
支付制造费用	56 000	76 000	59 000	191 000
支付销售管理费	70 000	85 000	75 000	230 000
支付所得税	5000	5000	5000	15 000
资本支出		250 000		250 000
现金结余	136 000	-15 300	218 500	239 200
购入有价证券	50 000		130 000	180 000
流动资金借款		50 000		50 000
出售有价证券		50 000		50 000
期末现金余额	86 000	84 700	88 500	88 500

现金预算通过对企业的现金收入、支出情况的预计推算出企业预算期的现金结余情况。如果现金不足,则提前安排筹资,避免企业在需要资金时"饥不择食";如果现金多余,则可以采取归还贷款或对有价证券进行投资,以增加收益。

【案例分析】

预算编制如此困难

财务预算在编制过程中出现了许多问题。尤其是预算编制的参与人应该包括哪些人;预算编好后,执行人应该是谁;业绩评价是否应该考虑预算的完成情况。

早在几年前,可口可乐旗下子公司西部灌装公司的经理们还在同一个"预算怪物"搏斗。这个怪物就是含有52张明细表格的庞大工作表。营运经理们怕死了这个规划预算的工作,而这种恐惧也显示在工作结果中。他们交上来的预算要么脱离实际,要么错误百出。更糟糕的是,他们觉得企业财务部门并不重视他们的辛苦努力。他们抱怨在预算制定上花了那么多时间,而上面的某个人会不同他们沟通就擅自改成他们认为合理的数字。预算的功劳归财务部门,但出了错却要运营经理们负责。

北美最大的电子消费品零售商百思买(Best Buy)在编制预算时,也遇到了同样的问题。由上而下的预算规划流程,使得预算与实际相脱节,执行过程中也遇到很多问题。850个分店经理中的任何一位都会认为,预算是财务部门自己闭门造车折腾出来的。

西部灌装公司和百思买正在实现CFO们多年来一直在试图做到的事:紧密结合现实的准确的预算。为此他们采用了微软出品的名为"预测器"(Forcaster)的预算制定系统,并改变了流程,让工厂的总经理们对最终预算数字拥有更大的发言权。如今,财务部门花更少的时间来修正工作表中的错误,花更多的时间来同业务部门进行沟通,以了解其需求和想法。当工厂经理们发觉财务部门更愿意倾听他们的想法后,他们自己也对整个制定预算的流程更加认真了。这样一来,预测数字变得更为准确,而营运预算也错误更少。再者,由于最终预算数据已经反映了工厂经理的想法,所以他们更乐意为业绩目标承担责任。

但事实上制定预算并不容易,遇到许多问题:

1.执行力度不够。业务经理在预算制定过程中的参与程度不足。业务经理们不会亲自输入预算数据。另外,也很少有业务经理可以无需财务部门的帮助就能解释清楚数据间的差异。让业务经理介入预算规划工作只是装装门面。为此,百思买的高管们已开始将预算规划权下放给大区经理们。在基层工作的员工对于企业的真实情况有第一手的掌握。最终分店经理也将参与预算制定过程。

2.财务部门和营运部门视角不同。财务经理们看的是长远目标(通常为一年),公司预算中的项目比较宽泛,将不同部门的成本和收入进行叠加。相比之下,业务经理们专注于执行既定战略,他们的规划通常是着眼于短期,着眼于特定业务和项目。由于财务部门需要可以妥帖地归入总账科目的数据,所以各业务部门主管往往要统览各个项目,看哪些明细项目要归入总账下的交通费科目,哪些要归入办公用品类等等。这是进展缓慢而缺少回报的差事。

一个解决办法是重新安排整个预算流程，让此流程对业务经理来说更为直观，同时也为财务部门提供所需的全局性数据。

3.预算软件有缺陷。预算与规划软件是增强经理们在预算制定流程中的参与程度的好办法。这类软件可让用户分析公司历史和当前的数据，并根据不同情况构建商业模型。近年来其功能更强大、使用更方便。但是这类工具除了在公司的财务部门以外并未赢得好评。为解决这个问题，其方法就是让业务经理们以熟悉的方式操作软件。该软件不采用工作表形式，而是向用户提出一系列问题，然后自动将用户回答的数据重新整理后归入财务人员所需系统。

现在，分店经理们可以看清楚整个预算制定的过程，也能理解财务部门的想法，这样他们会觉得预算好像就是他们自己制定的。

案例思考：

1. 编制预算的方法有哪些？

2. 如何使预算符合实际？

第九章　财务分析

【学习内容及目的】

本章主要介绍财务分析的方法及常用财务指标。通过本章学习，要求理解财务分析的含义、目的及意义；掌握财务分析方法；熟练掌握偿债能力、营运能力及盈利能力的指标分析及应用。

第一节　财务分析方法

一、财务分析的含义及目的

(一)含义

财务分析是指以企业的财务报表和其他相关资料为基础，采用一系列专门的指标，对企业的财务状况和经营成果进行评价和剖析，以反映企业在经营过程中的利弊得失、财务状况及发展趋势，为改进企业财务管理工作和优化经济决策提供重要的财务信息。

财务分析是企业财务管理的重要环节，既是对已完成财务活动的总结，也是进行财务预测和开展日常管理的前提。

(二)目的

财务分析的一般目的可以概括为：评价企业过去的经营业绩；衡量企业现在的财务状况；预测企业未来的发展趋势。但企业不同的利益相关主体与企业的关系不同，其进行财务分析的侧重点也不同。

1.投资者的目的

投资者也称所有者或股东，因对企业拥有所有权，同时也是企业最终风险的承担者，他们更关心企业的当前收益、未来收益及稳定增长趋势，企业的盈利能力、发展潜力、资本保值增值情况以及公司股利分配政策等。

2.债权人的目的

债权人面临的决策问题：是否给企业贷款、提供多少贷款、提供多长时间的贷款，是否将债权转让等。又因为企业债权人不能参与企业剩余收益分享，这决定了债权人最关心企业的长期偿债能力、短期偿债能力以及贷款应承担的风险。

3.经理人员的目的

为了满足不同利益主体的需要，协调各方面的利益关系，企业经营者必须对企业经营理财的各个方面，包括营运能力、偿债能力、盈利能力的全部信息予以详尽的了解和掌握，以便及时发现问题，采取措施，规划和调整市场定位目的、决策，以进一步挖掘潜力，为经济效益的稳定增长奠定基础。

4.政府的目的

政府要通过财务报表分析了解企业纳税情况、遵守政府法规和市场秩序的情况；监督企业对社会责任的履行程度，包括企业职工收入和就业状况等。

二、财务分析的意义

财务分析既是对已完成的财务活动的总结，又是财务预测的前提，在财务管理的循环中起着承上启下的作用。因此，做好财务分析工作具有重要意义。

（一）财务分析是评价财务状况及经营业绩的重要方法

通过财务分析，可以了解企业偿债能力、营运能力和盈利能力，划清经济责任，合理评价经营者的经营业绩，奖优罚劣，促进管理水平提高。

（二）财务分析是实现理财目标的重要手段

企业理财的根本目标是实现企业价值最大化。通过财务分析，挖掘潜力、揭露矛盾、找出差距，促进企业经营活动按照企业价值最大化的目标进行。

（三）财务分析是实施正确投资决策的重要步骤

通过财务分析，投资者可以了解企业的获利能力、偿债能力，从而进一步预测投资后的收益水平和风险程度，以做出正确的投资决策。

三、财务分析的依据

财务分析的主要依据是企业的财务报告。

企业财务报告是反映企业财务状况和经营成果的书面文件，它包括会计报表、会计报表附表、会计报表附注和财务情况说明书等。

会计报表主要有资产负债表、利润表和现金流量表。

会计报表附表主要有股东权益增减变动表、资产减值准备明细表、利润分配表等。它是帮助理解会计报表的内容而对报表的编制基础、编制依据、编制原则和方法等所做的解释。会计报表附表能为财务分析提供许多重要情况，所以在分析中应该予以重视。

会计报表附注是为了帮助理解会计报表的内容而对报表项目等所做的解释。其内容主要包括：所采用的主要会计处理方法和会计处理方法的变更情况、变更原因以及对财务状况和经营成果的影响，非经营性项目情况的说明等。会计报表附注能为财务分析提供许多重要的具体情况，在分析中应该予以重视。

财务情况说明书是为了评价企业财务状况和经营成果所提供的书面资料，主要说明企业的生产经营情况、利润实现和分配情况、资金增减和周转情况等事项。

四、财务分析方法

开展财务分析，需要运用一定的方法。财务分析的主要方法有比较分析法、比率分析法、趋势分析法和因素分析法等。

(一)比较分析法

比较分析法是指将具有相同性质且又可以相互比较的经济指标进行数量上的比较计算，从而揭示各经济指标间的数量关系和数量差异。比较是分析的基础，也是分析的最基本方法。通过分析从中发现问题，分析原因，挖掘潜力，提供帮助。

比较法有以下三种形式：

1.实际指标同计划(或定额)指标比较。可以反映实际与计划(或定额)之间的差异，了解该项指标的计划或定额的完成情况。

2.本期指标同上期指标或历史最好水平比较。可以确定前后不同时期有关指标的变动情况，了解企业生产经营活动的发展趋势和管理工作的改进情况。

3.本企业指标同其他企业指标比较。可以了解本企业与其他企业之间的差距。

在上述三种比较形式中，实际指标数值、本期指标数值、本企业指标数值是分析的对象，称为主分析指标；计划指标数值、上期指标数值和其他企业指标数值是分析中对照的参照物，称为基准指标。

运用比较分析法进行比较分析时，要比较两种指标数值：一是绝对数值指标比较，说明数额差异，借以了解全额变动情况；二是相对数值指标比较，说明百分率差异，借以了解变动程度。

(二)比率分析法

比率分析法是指将性质不同，但在企业生产经营过程中又存在相互依存、相互联系的财务指标进行数量上的比较，计算其比率的方法。

1.结构比率

结构比率是将总体中某一部分的指标数值与总体的全部数值对比，用以反映部分与总体的数量关系的指标。如流动资产占资产总额的百分比。

2.效率比率

效率比率是某项财务活动中所费与所得的比率，反映经济活动投入与产出的关系。如成本利润率等。

3.相关比率

相关比率是将总体内某一性质的指标数值与另一相关但性质不同的指标数值对比计算求得的指标，用以反映两者之间经济上所存在的数量依存关系。如用以评价短期偿债能力的流动比率。

比率分析法计算简便，计算结果容易判断分析，可用于不同规模企业间的比较。但运用该方法需注意：

(1)对比指标要有相关性。

(2)对比指标的计算口径要一致。

(3)采用的比率指标要有对比的标准，如预定指标、历史标准、行业标准等。

(三)趋势分析法

趋势分析法是指将某一财务指标在不同时期的数量表现，按照一定的方式进行比较，计算出比率的方法。趋势分析法可以揭示企业财务状况和经营成果的变化趋势，预测企业未来的发展前景。

进行趋势分析的比较方法有定基比较与环比比较等。

(四)因素分析法

因素分析法是指先找到影响被分析指标且存在一定数量关系的若干因素，然后逐一分析每一因素对被分析指标影响情况的方法。因素分析法有连环替代法和差额计算分析法。

第二节 常用财务指标分析

根据企业财务分析所要完成的任务和应起的作用，常用财务分析的内容可以概括为企业偿债能力分析、资产营运能力分析、盈利能力分析、发展能力分析等。各项分析内容互相联系、互相补充，以满足不同财务信息使用者的需要。为了便于分析，特以某公司两张简化的财务报表作为分析的依据。

表9-1 某公司资产负债表

2008年12月31日 单位：万元

资产			负债和所有者权益		
项目	年初数	年末数	项目	年初数	年末数
货币资金	1442	1616	短期借款	600	1000
短期投资	400	400	应付账款	500	1200
应收账款	300	384	其他应付款	328	800
存货	1600	2142	流动负债合计	1428	3000
待摊费用	258	258	长期负债	2072	3400
流动资产合计	4000	4800	负债合计	3500	6400
长期投资	200	500	实收资本	3000	3000
固定资产净值	4400	6400	盈余公积	800	800
无形资产	150	300	未分配利润	1450	1800
			所有者权益合计	5250	5600
资产合计	8750	12 000	负债及所有者权益合计	8750	12 000

表9-2　某公司利润表　　单位:万元

项目	2007年	2008年
一 主营业务收入	5500	6980
减:主营业务成本	2850	3800
营业税金及附加	250	320
二 主营业务利润	2400	2860
加:其他业务利润	1000	1300
减:管理费用	800	700
财务费用	400	700
销售费用	200	180
三 营业利润	2000	2580
加:投资收益	450	1000
营业外收支净额	70	274
四 利润总额	2520	3854
减:所得税	630	963.50
五 净利润	1890	2890.50

一、偿债能力分析

偿债能力是指企业偿还债务的能力。企业偿债能力的强弱与企业的财务风险成反方向变动关系,因此不同的利益相关主体都十分关注企业的偿债能力。偿债能力分析包括短期偿债能力分析与长期偿债能力分析。

(一)短期偿债能力分析

短期偿债能力分析是指企业流动资产对流动负债及时足额偿还的保证程度和流动资产变现能力的分析。衡量短期偿债能力的指标主要有流动比率、速动比率和现金比率。

1.流动比率

流动比率是流动资产与流动负债的比率。其计算公式:

$$流动比率=\frac{流动资产}{流动负债}$$

该比率表明企业每一元流动负债有多少流动资产作为其偿还的保障。一般认为,流动比率越高,反映短期偿债能力越强,企业财务风险越小,债权人的权益越有保障。但从企业经营角度看，过高的流动比率通常意味着企业资产结构的不合理，而资产结构的不合理往往意味着企业资金没能有效地加以利用，直接影响了企业的获利能力。一般情况下，流动比率维持在2:1比较适宜。根据表9-1资料：

$$\text{年初流动比率}=\frac{4000}{1428}=2.8$$

$$\text{年末流动比率}=\frac{4800}{3000}=1.6$$

该例说明，流动比率在2008年年末较年初下降了1.2，表明该公司短期偿债能力有下降的趋势。2008年年初流动比率较高，意味着现金持有量过剩；年末流动比率低于标准值，不能偿债的风险加大。

2.速动比率

速动比率是企业速动资产与流动负债的比率。速动资产是指流动资产减去变现能力较差的存货、待摊费用、待处理流动资产损失、预付账款后的余额。其计算公式是：

$$\text{速动比率}=\frac{\text{速动资产}}{\text{流动负债}}$$

由于剔除了存货等变现能力较弱且不稳定的资产，因此，速动比率较之流动比率能够更准确、更可靠地评价企业资产的流动性及其偿还短期负债的能力；又因为如果流动资产中可以立即变现用来支付债务的资产较少，流动比率再高，其偿债能力也是较差的。所以，速动比率弥补了流动比率的不足。一般认为，速动比率保持在1:1较为合理。根据表9-1资料：

$$\text{年初速动比率}=\frac{4000-1600-258}{1428}=1.5$$

$$\text{年末速动比率}=\frac{4800-2142-258}{3000}=0.8$$

该公司2008年年末速动比率较年初下降了0.7，公司的财务风险呈上升趋势。同时，该公司2008年年末流动资产增加了800万元，但其中速动资产仅为258万元，非速动资产则占了542万元，这意味着公司的存货发生了大量积压，应及时查明原因进行处理。

一般来讲，速动比率越高，企业偿还流动负债的能力越强。若速动比率小于1:1，则企业偿债风险较高。

3.现金比率

现金比率是现金类资产与流动负债的比率。这里的现金类资产指广义的现金，包括现金和现金等价物，及货币资金和持有的易于变现的有价证券。其计算公式是：

$$\text{现金比率}=\frac{\text{现金类资产}}{\text{流动负债}}$$

它可以准确反映企业直接偿付流动负债的能力，特别是在企业存在大量应收账款且应收账款回收不畅时，该指标更能显示其作用。由于现金类资产盈利能力较低，企业不应保留过多的现金类资产。根据表9-1资料：

$$年初现金比率=\frac{1442+400}{1428}=1.29$$

$$年末现金比率=\frac{1616+400}{3000}=0.672$$

该公司2008年初现金比率较高，说明其短期偿债能力很强，年末比年初有很大降低，说明其短期偿债能力减弱。

(二)长期偿债能力分析

长期偿债能力是指企业偿还长期负债的能力。企业的长期债务包括长期借款、应付债券、长期应付款等，企业日后应承担支付利息及偿还本金的债务。长期偿债能力的强弱，一方面取决于届时的现金流入量，另一方面取决于企业的获利能力。评价企业长期偿债能力的指标主要有资产负债率、产权比率、利息保障倍数等。

1.资产负债率

资产负债率是指企业负债总额对资产总额的比率。该指标从总体上反映企业全部资产对偿还负债的保证程度。其计算公式：

$$资产负债率=\frac{负债总额}{资产总额}\times100\%$$

该比率越小，企业偿债能力越强。但是，该指标并非对谁都是越小越好。对债权人来说，该指标越小越好。但对所有者来说，该指标较大，则说明利用较少的自有资产投资形成了较多的生产经营用资产，不仅扩大了生产规模，而且可以利用杠杆原理，获取较多的投资利润。根据表9-1资料：

$$年初资产负债率=\frac{3500}{8750}\times100\%=40\%$$

$$年末资产负债率=\frac{6400}{12\ 000}\times100\%=53\%$$

该公司年末的负债比率比年初的负债比率高，说明偿债风险加大。

2.产权比率

产权比率是指负债总额与所有者权益总额的比率，它反映了企业股东权益对债权人权益的保障程度，是企业财务结构稳健与否的重要标志。其计算公式：

$$产权比率=\frac{负债总额}{所有者权益总额}\times100\%$$

一般情况下，产权比率越高，企业所存在的风险也越大，长期偿债能力较弱；产权比率越低，表明企业的长期偿债能力越强，债权人的风险越小，也就更加愿意向企业增加借款。根据表9-1资料：

$$年初产权比率=\frac{3500}{5250}\times100\%=66.67\%$$

$$年末产权比率=\frac{6400}{5600}\times100\%=114.29\%$$

该公司年末产权比率大大提高，说明股东权益承担的债务强度加大。

3.利息保障倍数

利息保障倍数是指企业息税前利润与利息费用的比率，又称已获利息倍数。其计算公式：

$$利息保障倍数=\frac{息税前利润}{利息费用}\times100\%$$

公式中的“利息费用”是指本期发生的全部应付利息，包括利润表中财务费用项目中的利息费用，还包括计入固定资产成本的资本化利息。“息税前利润”是指利润表中未扣除利息费用和所得税费用之前的利润。

一般情况下，利息保障倍数越高，表明企业长期偿债能力越强；相反，则表明企业没有足够资金来偿还债务利息，企业偿债能力越弱。利息保障倍数通常在3~6之间，但不同行业的利息保障倍数也是有区别的。假定利润表中财务费用均为利息费用。根据表9-1、表9-2资料：

$$年初利息保障倍数=\frac{2520+400}{400}=7.3$$

$$年末利息保障倍数=\frac{3854+700}{700}=6.5$$

年末利息保障倍数下降，表明公司偿还债务利息能力降低。

二、营运能力分析

营运能力是指企业对资产(或资金)的利用效率。反映企业营运能力的财务指标主要有应收账款周转率、存货周转率、流动资产周转率、固定资产周转率、总资产周转率。

(一)应收账款周转率

应收账款周转率是一定时期内营业收入与平均应收账款余额的比率，反映应收账款的变现速度。

$$应收账款周转率(次数)=\frac{赊销收入净额}{平均应收账款}$$

$$应收账款周转天数=\frac{360天}{应收账款周转率(次数)}$$

$$平均应收账款=\frac{期初应收账款+期末应收账款}{2}$$

应收账款周转率越高，应收账款周转天数越少，说明应收账款周转速度越快，即应收账款变现快、能够及时收回，企业的债权风险小，企业的资产利用率越高。

假定该公司主营业务收入中赊销收入2007年为5500万元，2008年为6980万元。2006年期末应收账款余额为320万元。根据表9-1、表9-2资料：

$$2007年应收账款周转率(次数)=\frac{5500}{\frac{320+300}{2}}=17.74$$

2008年应收账款周转率(次数)=$\frac{6980}{\frac{300+384}{2}}$=20.4

2007年应收账款周转天数=$\frac{360}{17.74}$=20.29

2008年应收账款周转天数=$\frac{360}{20.4}$=17.65

该公司2008年应收账款周转速度比2007年有所改善,平均收账期缩短,应收账款提高了变现能力,利于减少应收账款的机会成本和收账费用,降低了坏账损失的风险。

(二)存货周转率

存货周转率是指企业营业成本与存货平均余额的比率,或称存货的周转次数。其计算公式:

$$存货周转率(次数)=\frac{营业成本}{存货平均余额}$$

$$存货平均余额=\frac{期初存货余额+期末存货余额}{2}$$

$$存货周转天数=\frac{360天}{存货周转率(次数)}$$

存货周转速度是反映企业生产经营存货环节中营运能力的指标,存货周转速度直接影响着企业的偿债能力及获利能力。一般而言,存货周转速度越快,表明存货的变现速度越快,存货的流动性越强,从而也降低了存货资产占用水平。

假定2006年期末存货余额1500万元。根据表9-1,表9-2资料:

2007年存货周转率(次数)=$\frac{2850}{\frac{1500+1600}{2}}$=1.84

2008年存货周转率(次数)=$\frac{3800}{\frac{1600+2142}{2}}$=2.03

2007年存货周转天数=$\frac{360}{1.84}$=195.65

2008年存货周转天数=$\frac{360}{2.03}$=177.34

该公司2008年存货周转速度比2007年有所改善,说明企业营运能力有所增强。

(三)流动资产周转率

流动资产周转率(次数)是指企业一定时期营业收入与流动资产平均余额的比率,其计算公式:

$$流动资产周转率(次数)=\frac{销售收入}{流动资产平均余额}$$

$$流动资产周转天数=\frac{360天}{流动资产周转率(次数)}$$

$$流动资产平均余额=\frac{期初流动资产+期末流动资产}{2}$$

流动资产周转速度指标是综合反映全部流动资产流动性的指标，其周转的快慢不仅受应收账款、存货的影响，还受其他流动资产的影响。

假定该公司主营业务收入中赊销收入2007年为5500万元，2008年为6980万元。2006年期末流动资产余额为3500万元。根据表9-1、表9-2资料：

$$上年流动资产周转率(次数)=\frac{5500}{\frac{3500+4000}{2}}=1.47$$

$$本年流动资产周转率(次数)=\frac{6980}{\frac{4000+4800}{2}}=1.59$$

$$上年流动资产周转天数=\frac{360}{1.47}=244.9$$

$$本年流动资产周转天数=\frac{360}{1.59}=226.42$$

该公司2008年流动资产周转率比2007年加快0.12次，周转天数缩短18天，流动资产的周转效率有所提高。

三、盈利能力分析

盈利能力指企业资金增值的能力，即企业获取利润的能力。通过对盈利能力的分析，可以反映和衡量企业的经营业绩，并发现经营管理中的问题。

(一)销售利润率

销售利润率是企业利润总额与销售收入净额的比率。其计算公式：

$$销售利润率=\frac{利润总额}{销售收入净额}\times100\%$$

销售利润率反映了利润对销售收入的依存关系。收入是实现利润的前提，在销售利润率一定的情况下，收入越多，利润也会越多。同理，在销售收入一定的条件下，企业可通过提高销售利润率来实现利润的增长。根据表9-2资料：

$$2007年销售利润率=\frac{2520}{5500}\times100\%=46\%$$

$$2008年销售利润率=\frac{3854}{6980}\times100\%=55\%$$

该公司2008年销售利润率比2007年提高9%，说明每百元收入获利能力比上年提高了9元。2008年比2007年利润增长1334万元，是由于销售收入和销售利润率共同增长导致的。

(二)销售净利率

销售净利率是指净利润与销售收入的比率。其计算公式：

$$销售净利率=\frac{净利润}{销售收入净额}\times100\%$$

销售净利率表示企业每百元销售收入净额实现多少净利润。净利润额与销售净利率成正比关系，而销售收入净额与销售净利率成反比关系。企业在增加销售的同时，必须相应地获得更多的净利润，才能使销售净利率保持不变或有所提高。根据表9-2资料：

$$上年销售净利率=\frac{1890}{5500}\times100\%=34\%$$

$$本年销售净利率=\frac{2890.5}{6980}\times100\%=41\%$$

该公司2008年销售净利率比2007年提高7%，说明每百元收入获利能力比上年提高了7元。

(三)成本费用利润率

成本费用利润率是企业利润总额与成本费用总额的比率，表明企业每百元成本费用能够取得多少利润。其计算公式：

$$成本费用利润率=\frac{利润总额}{成本费用总额}\times100\%$$

成本费用总额=营业成本+营业税金及附加+销售费用+管理费用+财务费用

该指标越高，说明企业为获取收益而付出的代价越小，资产的利用效率越高，企业的获利能力越强。根据表9-2资料：

$$2007年成本费用利润率=\frac{2520}{2850+250+200+800+400}\times100\%=56\%$$

$$2008年成本费用利润率=\frac{3854}{3800+320+180+700+700}\times100\%=68\%$$

该公司2008年成本费用利润率比上年提高12%，即每百元成本费用的获利能力比上年提高12元。这主要是由于成本费用利润率的提高与成本费用相对节约两个因素共同导致的。

(四)总资产报酬率

总资产报酬率是企业利润总额与总资产平均余额的比率。其计算公式：

$$总资产报酬率=\frac{利润总额}{总资产平均余额}\times100\%$$

总资产报酬率是综合反映企业整体资产利用效果的指标，反映企业全部资产的获利能力。

假设2006年资产总额8500万元。根据表9-1、表9-2资料：

$$2007年总资产报酬率=\frac{2520}{\frac{8500+8750}{2}}\times100\%=29\%$$

$$2008年总资产报酬率=\frac{3854}{\frac{8750+12000}{2}}\times100\%=37\%$$

该公司2008年每百元总资产的创利能力比2007年提高了8元，说明该公司资产整体利用效果有所提高。

（五）净资产收益率

净资产收益率是指企业净利润与所有者权益的比率。其计算公式：

$$净资产收益率=\frac{净利润}{净资产平均余额}\times100\%$$

$$净资产平均余额=\frac{所有者权益期初数+所有者权益期末数}{2}$$

净资产收益率是一个评价企业资本运营效益的核心指标，反映了企业自有资本获取收益的能力。指标越高，所有者权益资本盈利能力越强，对企业投资人、债权人的利益保障程度越高。

假设2006年所有者权益总额5000万元。根据表9-1、表9-2资料：

$$2007年净资产收益率=\frac{1890}{\frac{5000+5250}{2}}\times100\%=37\%$$

$$2008年净资产收益率=\frac{2890.5}{\frac{5250+5600}{2}}\times100\%=53\%$$

该公司2008年与2007年相比，净资产收益率提高了，说明所有者权益给公司带来的收益在增加，企业资本的盈利能力增强。

第三节　财务综合分析

财务综合分析将企业视为一个不可分割的整体，通过各种分析方法对其进行考察和评判，全面地对企业经营状况、财务状况进行分析，对企业经济效益的优劣做出评价，为未来发展指明方向。

一、财务报表综合比较分析

财务报表综合比较分析有财务报表绝对额比较分析和财务报表构成比较分析。

1.财务报表绝对额比较分析

财务报表绝对额比较分析是将报表的金额进行对比分析，以揭示研究对象在绝对量上的变化。现举例如下：

表9-3 ×公司比较资产负债表 单位:万元

资产	上年	本年	增减		负债及所有者权益	上年	本年	增减	
			金额	%				金额	%
流动资产	195	230	35	17.95	流动负债	88	112	24	27.27
长期投资	15	15	0	0	长期负债	62	68	6	9.68
固定资产	270	285	15	5.56	负债合计	150	180	30	20.00
无形资产	20	20	0	0	所有者权益	350	370	20	5.71
递延资产	–	–	–	–	(其中实收资本)	280	280	0	0
资产合计	500	550	50	10.00	负债和所有者权益合计	500	550	50	10.00

评价说明:通过表9-3可看出,该公司(1)资产总额增加50万元,增长了10%。其中流动资产增加35万元,增长17.95%;固定资产增加15万元,增长5.56%。(2)负债总额增长30万元,增长20%。(3)所有者权益增长20万元,增长5.71%。

评价结论:该公司经营实力呈上升趋势。

表9-4 ×公司比较利润表 单位:万元

项目	上年	本年	比上年增减	
			金额	%
一 主营业务收入	980	1100	120	12.24
减:主营业务成本	600	670	70	11.67
营业税金及附加	30	44	14	46.67
二 主营业务利润	350	386	36	10.29
加:其他业务利润	40	50	10	25.00
减:管理费用	100	120	20	20.00
财务费用	40	48	8	20.00
销售费用	60	58	–2	–3.33
三 营业利润	190	210	20	10.53
加:投资收益	8	10	2	25.00
营业外收支净额	2	5	3	150.00
四 利润总额	200	225	25	12.50
减:所得税	70	75	5	7.14
五 净利润	130	150	20	15.38

评价说明：通过表9–4可看出，该公司(1)本年实现利润总额比上年增长25万元，增长12.50%。其中主营业务利润增长36万元，增长10.29%；其他业务利润增长10万元，增长25%；营业利润增长20万元，增长10.53%；投资收益增长2万元，增长25%；营业外收支净额增长3万元，增长150%。(2)主营业务成本增长70万元，增长11.67%，管理费用、财务费用均增长20%，唯有销售费用减少3.33%。

评价结论：该公司主营业务利润、营业利润、利润总额均呈上升趋势。

2. 财务报表构成比较分析

财务报表构成比较分析是指将财务报表转换成结构报表，然后根据分析的目的进行对比分析，以揭示所研究对象在结构上的变动情况。现举例如下：

表9–5 ×公司资产负债表结构趋势分析表

单位：%

资产	结构比率			负债和所有者权益	结构比率		
	上年	本年	增减		上年	本年	增减
流动资产	39.00	41.82	+2.82	流动负债	17.60	20.36	+2.76
长期投资	3.00	2.73	–0.27	长期负债	12.40	12.36	–0.04
固定资产	54.00	51.82	–2.18	负债合计	30.00	32.73	+2.73
无形资产	4.00	3.64	–0.36	所有者权益	70.00	67.27	–2.73
递延资产	–	–	–	(其中实收资本)	56.00	50.91	–5.09
资产合计	100	100		负债和所有者权益合计	100	100	

评价说明：通过表9–5可看出，该公司(1)流动资产本年比重为41.82%，比上年增长2.82%；固定资产本年结构比重为51.82%，比上年降低2.18%；固定资产比重呈下降趋势。(2)负债本年比重为32.73%，比上年增长2.73%；所有者权益本年比重为67.27%，比上年降低2.73%，负债经营程度不高。

评价结论：该公司资产结构较为合理，但所有者权益在资产结构中比重过大，应设法改变。

二、杜邦分析法

杜邦财务分析法是根据各主要财务比率指标之间内在的数量关系，建立一个完整的指标体系，用以综合分析企业财务状况的方法。

杜邦财务分析体系是以净资产收益率为核心，将若干反映企业偿债能力、营运能力和盈利能力等财务状况的指标有机地结合而建立起来的分析体系。杜邦财务分析体系各指标之间的关系如下：

$$净资产收益率=总资产报酬率\times权益乘数$$

$$总资产报酬率=销售净利率\times权益乘数$$

$$权益乘数=\frac{平均资产总额}{平均净资产}=\frac{1}{1-资产负债率}$$

杜邦财务分析体系图如下：

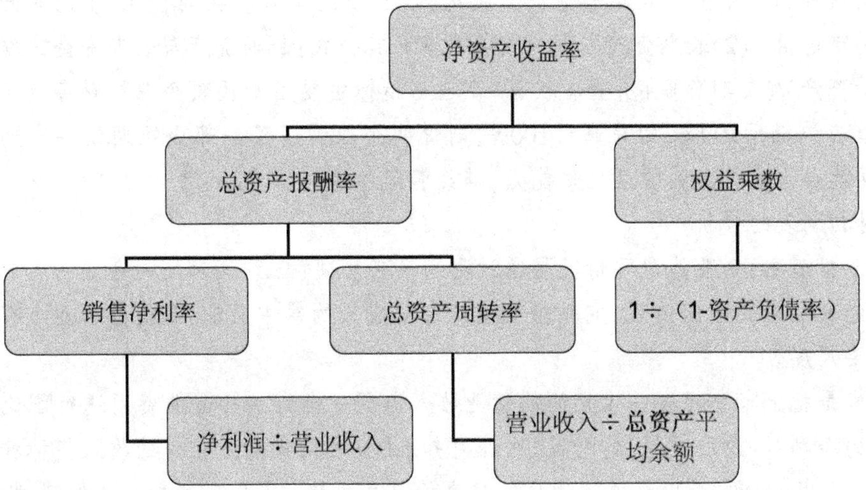

图9–1　杜邦财务分析体系图

【案例分析】

报表分析方法

证券投资已经成为百姓经济生活中不可或缺的一部分。然而大多数中小投资者不是专业人员，缺乏必要的财务常识，很多投资者因为不懂报表而错失买卖股票的良机。因此，如何正确地分析上市公司财务报表，挖掘真正具备投资价值的公司，是广大投资者的当务之急。

一、对资产负债表的分析

1.短期偿债能力分析。(1)流动比率：流动比率是衡量公司短期偿债能力常用的指标。一般来说，流动资产应远高于流动负债，起码不得低于1:1，一般以大于2:1较合适。但是，对于公司和股东，流动比率也不是越高越好。因为，流动资产还包括应收账款和存货，尤其是由于应收账款和存货余额大而引起的流动比率过大，会加大企业短期偿债风险。因此，投资者在对上市公司短期偿债能力进行分析时，一定要结合应收账款及存货的情况进行判断。(2)速动比率：速动比率是速动资产和流动负债的比率，即用于衡量公司到期清算能力的指标。一般认为，速动比率最低限为0.5:1，如果保持在1:1，则流动负债的安全性较有保障。因为，当此比率达到1:1时，即使公司资金周转发生困难，也不致影响其即时偿债能力。该指标剔除了应收账款及存货对短期偿债能力的影响，一般来说投资者利用这个指标来分析上市公司的偿债能力比较准确。

2.长期偿债能力分析。(1)资产负债率反映企业的资产中有多少负债，一旦企业破产清算，债权人得到的保障程度如何；所有者权益比率反映所有者权益在企业资产中所占份额，所有者权益比率与资产负债率之和为1；负债与所有者权益比率反映的是债权人得到的利益保护程度。投资者在看财务报表时，只要看一下资产、负债、所有者权益、无形资产总额这几项，便可大概看出该企业的长期偿债能力状况，这三个比率只有在同行业、不同时间段相比较，才有一定价值。(2)长期资产与长期资金比率。其公式：长期资产与长期资金比率=(资产总额-流动资产)/(长期负债+所有者权益)。这一指标主要用来反映企业的财务状况及偿债能力，该值应该低于100%，如果高于100%，则说明企业动用了一部分短期债务来购置长期资产，这样就会影响企业的短期偿债能力，其经营风险也将加大，实为危险之举。

二、对利润表的分析

在财务报表中，企业的盈亏情况是通过利润表来反映的。利润表反映企业一定时期的经营成果和经营成果的分配关系。它是企业生产经营成果的集中反映，是衡量企业生存和发展能力的主要尺度。

利润表是把上市公司在一定期间的营业收入与同一会计期的营业费用进行配比，以得到该期间的净利润(或净亏损)的情况。由此可知，该报表的重点是相关的收入指标和费用指标。“收入-费用=利润”可以视作阅读这一报表的基本思路。当投资者看到一份利润表时，会注意到以下几个会计指标。它们分别是：主营业务利润、营业利润、利润总额、净利润。在这些指标中应重点关注主营业务收入、主营业务利润、净利润，尤其应关注主营业务利润与净利润的盈亏情况。许多投资者往往只关心净利润情况，认为净利润为正就代表公司盈利，于是高枕无忧。实际上，企业的长期发展动力来自于对自身主营业务的开拓与经营。严格意义上而言，主营业务亏损但净利润有盈余的企业比主营业务盈利但净利润亏损的企业更危险。企业可以通过投资收益、营业外收入将当期利润总额和净利润做成盈利，可谁又敢保证下一年度还有投资收益和营业外收入呢？

三、现金流量表

现金流量表是反映企业在一定时期内现金流入、流出及其净额的报表，它主要说明公司本期现金来自何处、用往何方以及现金余额如何构成。

一些公司会通过往来资金操纵现金流量表。上市公司与其大股东之间通过往来资金来改善原本难看的经营现金流量。本来关联企业的往来资金往往带有融资性质，但是借款方并不作为短期借款或者长期借款，而是放在其他应付款中核算，贷款方不作为债权，而是在其他应收款中核算。这样其他应付、应收款变动额在编制现金流量表时就作为经营活动产生的现金流量，而实质上这些变动反映的是筹资、投资活动业务。这样当其他应付、应收款的变动是增加现金流量时，经营活动所产生的现金流量净额就可能被夸大。

总之，进行报表分析不能单一地对某些科目关注，而应将公司财务报表与宏观经济结合进行综合判断，与公司历史进行纵向深度比较，与同行业进行横向宽度比较，把其中偶然的、非本质的东西舍弃掉，得出与决策相关的实质性的信息，以保证投资决策的正确性与准确性。

案例思考：

1. 偿债能力分析指标有哪些？
2. 利润表中利润总额是否越大越好？
3. **如何判断企业的发展潜力？**

附表一 复利终值系数表

期数	1%	2%	3%	4%	5%	6%	7%	8%	9%	10%
1	1.0100	1.0200	1.0300	1.0400	1.0500	1.0600	1.0700	1.0800	1.0900	1.1000
2	1.0201	1.0404	1.0609	1.0816	1.1025	1.1236	1.1449	1.1664	1.1881	1.2100
3	1.0303	1.0612	1.0927	1.1249	1.1576	1.1910	1.2250	1.2597	1.2950	1.3310
4	1.0406	1.0824	1.1255	1.1699	1.2155	1.2625	1.3108	1.3605	1.4116	1.4641
5	1.0510	1.1041	1.1593	1.2167	1.2763	1.3382	1.4026	1.4693	1.5386	1.6105
6	1.0615	1.1262	1.1941	1.2653	1.3401	1.4185	1.5007	1.5869	1.6771	1.7716
7	1.0721	1.1487	1.2299	1.3159	1.4071	1.5036	1.6058	1.7138	1.8280	1.9487
8	1.0829	1.1717	1.2668	1.3686	1.4775	1.5938	1.7182	1.8509	1.9926	2.1436
9	1.0937	1.1951	1.3048	1.4233	1.5513	1.6895	1.8385	1.9990	2.1719	2.3579
10	1.1046	1.2190	1.3439	1.4802	1.6289	1.7908	1.9672	2.1589	2.3674	2.5937
11	1.1157	1.2434	1.3842	1.5395	1.7103	1.8983	2.1049	2.3316	2.5804	2.8531
12	1.1268	1.2682	1.4258	1.6010	1.7959	2.0122	2.2522	2.5182	2.8127	3.1384
13	1.1381	1.2936	1.4685	1.6651	1.8856	2.1329	2.4098	2.7196	3.0658	3.4523
14	1.1495	1.3195	1.5126	1.7317	1.9799	2.2609	2.5785	2.9372	3.3417	3.7975
15	1.1610	1.3459	1.5580	1.8009	2.0789	2.3966	2.7590	3.1722	3.6425	4.1772
16	1.1726	1.3728	1.6047	1.8730	2.1829	2.5404	2.9522	3.4259	3.9703	4.5950
17	1.1843	1.4002	1.6528	1.9479	2.2920	2.6928	3.1588	3.7000	4.3276	5.0545
18	1.1961	1.4282	1.7024	2.0258	2.4066	2.8543	3.3799	3.9960	4.7171	5.5599
19	1.2081	1.4568	1.7535	2.1068	2.5270	3.0256	3.6165	4.3157	5.1417	6.1159
20	1.2202	1.4859	1.8061	2.1911	2.6533	3.2071	3.8697	4.6610	5.6044	6.7275
21	1.2324	1.5157	1.8603	2.2788	2.7860	3.3996	4.1406	5.0338	6.1088	7.4002
22	1.2447	1.5460	1.9161	2.3699	2.9253	3.6035	4.4304	5.4365	6.6586	8.1403
23	1.2572	1.5769	1.9736	2.4647	3.0715	3.8197	4.7405	5.8715	7.2579	8.9543
24	1.2697	1.6084	2.0328	2.5633	3.2251	4.0489	5.0724	6.3412	7.9111	9.8497
25	1.2824	1.6406	2.0938	2.6658	3.3864	4.2919	5.4274	6.8485	8.6231	10.835
26	1.2953	1.6734	2.1566	2.7725	3.5557	4.5494	5.8074	7.3964	9.3992	11.918
27	1.3082	1.7069	2.2213	2.8834	3.7335	4.8223	6.2139	7.9881	10.245	13.110
28	1.3213	1.7410	2.2879	2.9987	3.9201	5.1117	6.6488	8.6271	11.167	14.421
29	1.3345	1.7758	2.3566	3.1187	4.1161	5.4184	7.1143	9.3173	12.172	15.863
30	1.3478	1.8114	2.4273	3.2434	4.3219	5.7435	7.6123	10.063	13.268	17.449
40	1.4889	2.2080	3.2620	4.8010	7.0400	10.286	14.975	21.725	31.409	45.259
50	1.6446	2.6916	4.3839	7.1067	11.467	18.420	29.457	46.902	74.358	117.39
60	1.8167	3.2810	5.8916	10.520	18.679	32.988	57.946	101.26	176.03	304.48

续附表一

期数	12%	14%	15%	16%	18%	20%	24%	28%	32%	36%
1	1.1200	1.1400	1.1500	1.1600	1.1800	1.2000	1.2400	1.2800	1.3200	1.3600
2	1.2544	1.2996	1.3225	1.3456	1.3924	1.4400	1.5376	1.6384	1.7424	1.8496
3	1.4049	1.4815	1.5209	1.5609	1.6430	1.7280	1.9066	2.0972	2.3000	2.5155
4	1.5735	1.6890	1.7490	1.8106	1.9388	2.0736	2.3642	2.6844	3.0360	3.4210
5	1.7623	1.9254	2.0114	2.1003	2.2878	2.4883	2.9316	3.4360	4.0075	4.6526
6	1.9738	2.1950	2.3131	2.4364	2.6996	2.9860	3.6352	4.3980	5.2899	6.3275
7	2.2107	2.5023	2.6600	2.8262	3.1855	3.5832	4.5077	5.6295	6.9826	8.6054
8	2.4760	2.8526	3.0590	3.2784	3.7589	4.2998	5.5895	7.2058	9.2170	11.703
9	2.7731	3.2519	3.5179	3.8030	4.4355	5.1598	6.9310	9.2234	12.167	15.917
10	3.1058	3.7072	4.0456	4.4114	5.2338	6.1917	8.5944	11.806	16.060	21.647
11	3.4785	4.2262	4.6524	5.1173	6.1759	7.4301	10.657	15.112	21.199	29.439
12	3.8960	4.8179	5.3503	5.9360	7.2876	8.9161	13.215	19.343	27.983	40.038
13	4.3635	5.4924	6.1528	6.8858	8.5994	10.699	16.386	24.759	36.937	54.451
14	4.8871	6.2613	7.0757	7.9875	10.147	12.839	20.319	31.691	48.757	74.053
15	5.4736	7.1379	8.1371	9.2655	11.974	15.407	25.196	40.565	64.359	100.71
16	6.1304	8.1372	9.3576	10.748	14.129	18.488	31.243	51.923	84.954	136.97
17	6.8660	9.2765	10.761	12.468	16.672	22.186	38.741	66.461	112.14	186.28
18	7.6900	10.575	12.376	14.463	19.673	26.623	48.039	85.071	148.02	253.34
19	8.6128	12.056	14.232	16.777	23.214	31.948	59.568	108.89	195.39	344.54
20	9.6463	13.744	16.367	19.461	27.393	38.338	73.864	139.38	257.92	468.57
21	10.804	15.668	18.822	22.575	32.324	46.005	91.592	178.41	340.45	637.26
22	12.100	17.861	21.645	26.186	38.142	55.206	113.57	228.36	449.39	866.67
23	13.552	20.362	24.892	30.376	45.008	66.247	140.83	292.30	593.20	1178.7
24	15.179	23.212	28.625	35.236	53.109	79.497	174.63	374.14	783.02	1603.0
25	17.000	26.462	32.919	40.874	62.669	95.396	216.54	478.90	1033.6	2180.1
26	19.040	30.167	37.857	47.414	73.949	114.48	268.51	613.00	1364.3	2964.9
27	21.325	34.390	43.535	55.000	87.260	137.37	332.96	784.64	1800.9	4032.3
28	23.884	39.205	50.066	63.800	102.97	164.84	412.86	1004.3	2377.2	5483.9
29	26.750	44.693	57.576	74.009	121.50	197.81	511.95	1285.6	3137.9	7458.1
30	29.960	50.950	66.212	85.850	143.37	237.38	634.82	1645.5	4142.1	10143
40	93.051	188.88	267.86	378.72	750.38	1469.8	5455.9	19427	66521	*
50	289.00	700.23	1083.7	1670.7	3927.4	9100.4	46890	*	*	*
60	897.60	2595.9	4384.0	7370.2	20555	56348	*	*	*	*

注:*>99 999

计算公式:复利终值系数=$(1+i)^n$,$S=P(1+i)^n$

P为现值或初始值;i为报酬率或利率;n为计息期数;S为终值或本利和

附表二 复利现值系数表

期数	1%	2%	3%	4%	5%	6%	7%	8%	9%	10%
1	0.9901	0.9804	0.9709	0.9615	0.9524	0.9434	0.9346	0.9259	0.9174	0.9091
2	0.9803	0.9612	0.9426	0.9246	0.9070	0.8900	0.8734	0.8573	0.8417	0.8264
3	0.9706	0.9423	0.9151	0.8890	0.8638	0.8396	0.8163	0.7938	0.7722	0.7513
4	0.9610	0.9238	0.8885	0.8548	0.8227	0.7921	0.7629	0.7350	0.7084	0.6830
5	0.9515	0.9057	0.8626	0.8219	0.7835	0.7473	0.7130	0.6806	0.6499	0.6209
6	0.9420	0.8880	0.8375	0.7903	0.7462	0.7050	0.6663	0.6302	0.5963	0.5645
7	0.9327	0.8706	0.8131	0.7599	0.7107	0.6651	0.6227	0.5835	0.5470	0.5132
8	0.9235	0.8535	0.7894	0.7307	0.6768	0.6274	0.5820	0.5403	0.5019	0.4665
9	0.9143	0.8368	0.7664	0.7026	0.6446	0.5919	0.5439	0.5002	0.4604	0.4241
10	0.9053	0.8203	0.7441	0.6756	0.6139	0.5584	0.5083	0.4632	0.4224	0.3855
11	0.8963	0.8043	0.7224	0.6496	0.5847	0.5268	0.4751	0.4289	0.3875	0.3505
12	0.8874	0.7885	0.7014	0.6246	0.5568	0.4970	0.4440	0.3971	0.3555	0.3186
13	0.8787	0.7730	0.6810	0.6006	0.5303	0.4688	0.4150	0.3677	0.3262	0.2897
14	0.8700	0.7579	0.6611	0.5775	0.5051	0.4423	0.3878	0.3405	0.2992	0.2633
15	0.8613	0.7430	0.6419	0.5553	0.4810	0.4173	0.3624	0.3152	0.2745	0.2394
16	0.8528	0.7284	0.6232	0.5339	0.4581	0.3936	0.3387	0.2919	0.2519	0.2176
17	0.8444	0.7142	0.6050	0.5134	0.4363	0.3714	0.3166	0.2703	0.2311	0.1978
18	0.8360	0.7002	0.5874	0.4936	0.4155	0.3503	0.2959	0.2502	0.2120	0.1799
19	0.8277	0.6864	0.5703	0.4746	0.3957	0.3305	0.2765	0.2317	0.1945	0.1635
20	0.8195	0.6730	0.5537	0.4564	0.3769	0.3118	0.2584	0.2145	0.1784	0.1486
21	0.8114	0.6598	0.5375	0.4388	0.3589	0.2942	0.2415	0.1987	0.1637	0.1351
22	0.8034	0.6468	0.5219	0.4220	0.3418	0.2775	0.2257	0.1839	0.1502	0.1228
23	0.7954	0.6342	0.5067	0.4057	0.3256	0.2618	0.2109	0.1703	0.1378	0.1117
24	0.7876	0.6217	0.4919	0.3901	0.3101	0.2470	0.1971	0.1577	0.1264	0.1015
25	0.7798	0.6095	0.4776	0.3751	0.2953	0.2330	0.1842	0.1460	0.1160	0.0923
26	0.7720	0.5976	0.4637	0.3607	0.2812	0.2198	0.1722	0.1352	0.1064	0.0839
27	0.7644	0.5859	0.4502	0.3468	0.2678	0.2074	0.1609	0.1252	0.0976	0.0763
28	0.7568	0.5744	0.4371	0.3335	0.2551	0.1956	0.1504	0.1159	0.0895	0.0693
29	0.7493	0.5631	0.4243	0.3207	0.2429	0.1846	0.1406	0.1073	0.0822	0.0630
30	0.7419	0.5521	0.4120	0.3083	0.2314	0.1741	0.1314	0.0994	0.0754	0.0573
35	0.7059	0.5000	0.3554	0.2534	0.1813	0.1301	0.0937	0.0676	0.0490	0.0356
40	0.6717	0.4529	0.3066	0.2083	0.1420	0.0972	0.0668	0.0460	0.0318	0.0221
45	0.6391	0.4102	0.2644	0.1712	0.1113	0.0727	0.0476	0.0313	0.0207	0.0137
50	0.6080	0.3715	0.2281	0.1407	0.0872	0.0543	0.0339	0.0213	0.0134	0.0085
55	0.5785	0.3365	0.1968	0.1157	0.0683	0.0406	0.0242	0.0145	0.0087	0.0053

续附表二

期数	12%	14%	15%	16%	18%	20%	24%	28%	32%	36%
1	0.8929	0.8772	0.8696	0.8621	0.8475	0.8333	0.8065	0.7813	0.7576	0.7353
2	0.7972	0.7695	0.7561	0.7432	0.7182	0.6944	0.6504	0.6104	0.5739	0.5407
3	0.7118	0.6750	0.6575	0.6407	0.6086	0.5787	0.5245	0.4768	0.4348	0.3975
4	0.6355	0.5921	0.5718	0.5523	0.5158	0.4823	0.4230	0.3725	0.3294	0.2923
5	0.5674	0.5194	0.4972	0.4761	0.4371	0.4019	0.3411	0.2910	0.2495	0.2149
6	0.5066	0.4556	0.4323	0.4104	0.3704	0.3349	0.2751	0.2274	0.1890	0.1580
7	0.4523	0.3996	0.3759	0.3538	0.3139	0.2791	0.2218	0.1776	0.1432	0.1162
8	0.4039	0.3506	0.3269	0.3050	0.2660	0.2326	0.1789	0.1388	0.1085	0.0854
9	0.3606	0.3075	0.2843	0.2630	0.2255	0.1938	0.1443	0.1084	0.0822	0.0628
10	0.3220	0.2697	0.2472	0.2267	0.1911	0.1615	0.1164	0.0847	0.0623	0.0462
11	0.2875	0.2366	0.2149	0.1954	0.1619	0.1346	0.0938	0.0662	0.0472	0.0340
12	0.2567	0.2076	0.1869	0.1685	0.1372	0.1122	0.0757	0.0517	0.0357	0.0250
13	0.2292	0.1821	0.1625	0.1452	0.1163	0.0935	0.0610	0.0404	0.0271	0.0184
14	0.2046	0.1597	0.1413	0.1252	0.0985	0.0779	0.0492	0.0316	0.0205	0.0135
15	0.1827	0.1401	0.1229	0.1079	0.0835	0.0649	0.0397	0.0247	0.0155	0.0099
16	0.1631	0.1229	0.1069	0.0930	0.0708	0.0541	0.0320	0.0193	0.0118	0.0073
17	0.1456	0.1078	0.0929	0.0802	0.0600	0.0451	0.0258	0.0150	0.0089	0.0054
18	0.1300	0.0946	0.0808	0.0691	0.0508	0.0376	0.0208	0.0118	0.0068	0.0039
19	0.1161	0.0829	0.0703	0.0596	0.0431	0.0313	0.0168	0.0092	0.0051	0.0029
20	0.1037	0.0728	0.0611	0.0514	0.0365	0.0261	0.0135	0.0072	0.0039	0.0021
21	0.0926	0.0638	0.0531	0.0443	0.0309	0.0217	0.0109	0.0056	0.0029	0.0016
22	0.0826	0.0560	0.0462	0.0382	0.0262	0.0181	0.0088	0.0044	0.0022	0.0012
23	0.0738	0.0491	0.0402	0.0329	0.0222	0.0151	0.0071	0.0034	0.0017	0.0008
24	0.0659	0.0431	0.0349	0.0284	0.0188	0.0126	0.0057	0.0027	0.0013	0.0006
25	0.0588	0.0378	0.0304	0.0245	0.0160	0.0105	0.0046	0.0021	0.0010	0.0005
26	0.0525	0.0331	0.0264	0.0211	0.0135	0.0087	0.0037	0.0016	0.0007	0.0003
27	0.0469	0.0291	0.0230	0.0182	0.0115	0.0073	0.0030	0.0013	0.0006	0.0002
28	0.0419	0.0255	0.0200	0.0157	0.0097	0.0061	0.0024	0.0010	0.0004	0.0002
29	0.0374	0.0224	0.0174	0.0135	0.0082	0.0051	0.0020	0.0008	0.0003	0.0001
30	0.0334	0.0196	0.0151	0.0116	0.0070	0.0042	0.0016	0.0006	0.0002	0.0001
35	0.0189	0.0102	0.0075	0.0055	0.0030	0.0017	0.0005	0.0002	0.0001	*
40	0.0107	0.0053	0.0037	0.0026	0.0013	0.0007	0.0002	0.0001	*	*
45	0.0061	0.0027	0.0019	0.0013	0.0006	0.0003	0.0001	*	*	*
50	0.0035	0.0014	0.0009	0.0006	0.0003	0.0001	*	*	*	*
55	0.0020	0.0007	0.0005	0.0003	0.0001	*	*	*	*	*

注:*<0.0001

计算公式:复利现值系数$=(1+i)^{-n}$,$P=\frac{S}{(1+i)^n}=S(1+i)^{-n}$

P为现值或初始值;i为报酬率或利率;n为计息期数;S为终值或本利和

附表三　年金终值系数表

期数	1%	2%	3%	4%	5%	6%	7%	8%	9%	10%
1	1.0000	1.0000	1.0000	1.0000	1.0000	1.0000	1.0000	1.0000	1.0000	1.0000
2	2.0100	2.0200	2.0300	2.0400	2.0500	2.0600	2.0700	2.0800	2.0900	2.1000
3	3.0301	3.0604	3.0909	3.1216	3.1525	3.1836	3.2149	3.2464	3.2781	3.3100
4	4.0604	4.1216	4.1836	4.2465	4.3101	4.3746	4.4399	4.5061	4.5731	4.6410
5	5.1010	5.2040	5.3091	5.4163	5.5256	5.6371	5.7507	5.8666	5.9847	6.1051
6	6.1520	6.3081	6.4684	6.6330	6.8019	6.9753	7.1533	7.3359	7.5233	7.7156
7	7.2135	7.4343	7.6625	7.8983	8.1420	8.3938	8.6540	8.9228	9.2004	9.4872
8	8.2857	8.5830	8.8923	9.2142	9.5491	9.8975	10.260	10.637	11.029	11.436
9	9.3685	9.7546	10.159	10.583	11.027	11.491	11.978	12.488	13.021	13.580
10	10.462	10.950	11.464	12.006	12.578	13.181	13.816	14.487	15.193	15.937
11	11.567	12.169	12.808	13.486	14.207	14.972	15.784	16.646	17.560	18.531
12	12.683	13.412	14.192	15.026	15.917	16.870	17.889	18.977	20.141	21.384
13	13.809	14.680	15.618	16.627	17.713	18.882	20.141	21.495	22.953	24.523
14	14.947	15.974	17.086	18.292	19.599	21.015	22.551	24.215	26.019	27.975
15	16.097	17.293	18.599	20.024	21.579	23.276	25.129	27.152	29.361	31.773
16	17.258	18.639	20.157	21.825	23.658	25.673	27.888	30.324	33.003	35.950
17	18.430	20.012	21.762	23.698	25.840	28.213	30.840	33.750	36.974	40.545
18	19.615	21.412	23.414	25.645	28.132	30.906	33.999	37.450	41.301	45.599
19	20.811	22.841	25.117	27.671	30.539	33.760	37.379	41.446	46.019	51.159
20	22.019	24.297	26.870	29.778	33.066	36.786	40.996	45.762	51.160	57.275
21	23.239	25.783	28.677	31.969	35.719	39.993	44.865	50.423	56.765	64.003
22	24.472	27.299	30.537	34.248	38.505	43.392	49.006	55.457	62.873	71.403
23	25.716	28.845	32.453	36.618	41.431	46.996	53.436	60.893	69.532	79.543
24	26.974	30.422	34.427	39.083	44.502	50.816	58.177	66.765	76.790	88.497
25	28.243	32.030	36.459	41.646	47.727	54.865	63.249	73.106	84.701	98.347
26	29.526	33.671	38.553	44.312	51.114	59.156	68.677	79.954	93.324	109.18
27	30.821	35.344	40.710	47.084	54.669	63.706	74.484	87.351	102.72	121.10
28	32.129	37.051	42.931	49.968	58.403	68.528	80.698	95.339	112.97	134.21
29	33.450	38.792	45.219	52.966	62.323	73.640	87.347	103.97	124.14	148.63
30	34.785	40.568	47.575	56.085	66.439	79.058	94.461	113.28	136.31	164.49
40	48.886	60.402	75.401	95.026	120.80	154.76	199.64	259.06	337.88	442.59
50	64.463	84.579	112.80	152.67	209.35	290.34	406.53	573.77	815.08	1163.9
60	81.670	114.05	163.05	237.99	353.58	533.13	813.52	1253.2	1944.8	3034.8

续附表三

期数	12%	14%	15%	16%	18%	20%	24%	28%	32%	36%
1	1.0000	1.0000	1.0000	1.0000	1.0000	1.0000	1.0000	1.0000	1.0000	1.0000
2	2.1200	2.1400	2.1500	2.1600	2.1800	2.2000	2.2400	2.2800	2.3200	2.3600
3	3.3744	3.4396	3.4725	3.5056	3.5724	3.6400	3.7776	3.9184	4.0624	4.2096
4	4.7793	4.9211	4.9934	5.0665	5.2154	5.3680	5.6842	6.0156	6.3624	6.7251
5	6.3528	6.6101	6.7424	6.8771	7.1542	7.4416	8.0484	8.6999	9.3983	10.146
6	8.1152	8.5355	8.7537	8.9775	9.4420	9.9299	10.980	12.136	13.406	14.799
7	10.089	10.731	11.067	11.414	12.142	12.916	14.615	16.534	18.696	21.126
8	12.300	13.233	13.727	14.240	15.327	16.499	19.123	22.163	25.678	29.732
9	14.776	16.085	16.786	17.519	19.086	20.799	24.713	29.369	34.895	41.435
10	17.549	19.337	20.304	21.322	23.521	25.959	31.643	38.593	47.062	57.352
11	20.655	23.045	24.349	25.733	28.755	32.150	40.238	50.399	63.122	78.998
12	24.133	27.271	29.002	30.850	34.931	39.581	50.895	65.510	84.320	108.44
13	28.029	32.089	34.352	36.786	42.219	48.497	64.110	84.853	112.30	148.48
14	32.393	37.581	40.505	43.672	50.818	59.196	80.496	109.61	149.24	202.93
15	37.280	43.842	47.580	51.660	60.965	72.035	100.82	141.30	198.00	276.98
16	42.753	50.980	55.718	60.925	72.939	87.442	126.01	181.87	262.36	377.69
17	48.884	59.118	65.075	71.673	87.068	105.93	157.25	233.79	347.31	514.66
18	55.750	68.394	75.836	84.141	103.74	128.12	195.99	300.25	459.45	700.94
19	63.440	78.969	88.212	98.603	123.41	154.74	244.03	385.32	607.47	954.28
20	72.052	91.025	102.44	115.38	146.63	186.69	303.60	494.21	802.86	1298.8
21	81.699	104.77	118.81	134.84	174.02	225.03	377.46	633.59	1060.8	1767.4
22	92.503	120.44	137.63	157.42	206.34	271.03	469.06	812.00	1401.2	2404.7
23	104.60	138.30	159.28	183.60	244.49	326.24	582.63	1040.4	1850.6	3271.3
24	118.16	158.66	184.17	213.98	289.49	392.48	723.46	1332.7	2443.8	4450.0
25	133.33	181.87	212.79	249.21	342.60	471.98	898.09	1706.8	3226.8	6053.0
26	150.33	208.33	245.71	290.09	405.27	567.38	1114.6	2185.7	4260.4	8233.1
27	169.37	238.50	283.57	337.50	479.22	681.85	1383.1	2798.7	5624.8	11198
28	190.70	272.89	327.10	392.50	566.48	819.22	1716.1	3583.3	7425.7	15230
29	214.58	312.09	377.17	456.30	669.45	984.07	2129.0	4587.7	9802.9	20714
30	241.33	356.79	434.75	530.31	790.95	1181.9	2640.9	5873.2	12941	28172
40	767.09	1342.0	1779.1	2360.8	4163.2	7343.9	22729	69377	207874	609890
50	2400.0	4994.5	7217.7	10436	21813	45497	195373	819103	*	*
60	7471.6	18535	29220	46058	114190	281733	*	*	*	*

注：*>999999

计算公式：年金终值系数$=\frac{(1+i)^n-1}{i}$，$S=A\frac{(1+i)^n-1}{i}$

A为每期等额支付(或收入)的金额；i为报酬率或利率；n为计息期数；S为年金终值或本利和

附表四　年金现值系数表

期数	1%	2%	3%	4%	5%	6%	7%	8%	9%	10%
1	0.9901	0.9804	0.9709	0.9615	0.9524	0.9434	0.9346	0.9259	0.9174	0.9091
2	1.9704	1.9416	1.9135	1.8861	1.8594	1.8334	1.8080	1.7833	1.7591	1.7355
3	2.9410	2.8839	2.8286	2.7751	2.7232	2.6730	2.6243	2.5771	2.5313	2.4869
4	3.9020	3.8077	3.7171	3.6299	3.5460	3.4651	3.3872	3.3121	3.2397	3.1699
5	4.8534	4.7135	4.5797	4.4518	4.3295	4.2124	4.1002	3.9927	3.8897	3.7908
6	5.7955	5.6014	5.4172	5.2421	5.0757	4.9173	4.7665	4.6229	4.4859	4.3553
7	6.7282	6.4720	6.2303	6.0021	5.7864	5.5824	5.3893	5.2064	5.0330	4.8684
8	7.6517	7.3255	7.0197	6.7327	6.4632	6.2098	5.9713	5.7466	5.5348	5.3349
9	8.5660	8.1622	7.7861	7.4353	7.1078	6.8017	6.5152	6.2469	5.9952	5.7590
10	9.4713	8.9826	8.5302	8.1109	7.7217	7.3601	7.0236	6.7101	6.4177	6.1446
11	10.3676	9.7868	9.2526	8.7605	8.3064	7.8869	7.4987	7.1390	6.8052	6.4951
12	11.2551	10.5753	9.9540	9.3851	8.8633	8.3838	7.9427	7.5361	7.1607	6.8137
13	12.1337	11.3484	10.6350	9.9856	9.3936	8.8527	8.3577	7.9038	7.4869	7.1034
14	13.0037	12.1062	11.2961	10.5631	9.8986	9.2950	8.7455	8.2442	7.7862	7.3667
15	13.8651	12.8493	11.9379	11.1184	10.3797	9.7122	9.1079	8.5595	8.0607	7.6061
16	14.7179	13.5777	12.5611	11.6523	10.8378	10.1059	9.4466	8.8514	8.3126	7.8237
17	15.5623	14.2919	13.1661	12.1657	11.2741	10.4773	9.7632	9.1216	8.5436	8.0216
18	16.3983	14.9920	13.7535	12.6593	11.6896	10.8276	10.0591	9.3719	8.7556	8.2014
19	17.2260	15.6785	14.3238	13.1339	12.0853	11.1581	10.3356	9.6036	8.9501	8.3649
20	18.0456	16.3514	14.8775	13.5903	12.4622	11.4699	10.5940	9.8181	9.1285	8.5136
21	18.8570	17.0112	15.4150	14.0292	12.8212	11.7641	10.8355	10.0168	9.2922	8.6487
22	19.6604	17.6580	15.9369	14.4511	13.1630	12.0416	11.0612	10.2007	9.4424	8.7715
23	20.4558	18.2922	16.4436	14.8568	13.4886	12.3034	11.2722	10.3711	9.5802	8.8832
24	21.2434	18.9139	16.9355	15.2470	13.7986	12.5504	11.4693	10.5288	9.7066	8.9847
25	22.0232	19.5235	17.4131	15.6221	14.0939	12.7834	11.6536	10.6748	9.8226	9.0770
26	22.7952	20.1210	17.8768	15.9828	14.3752	13.0032	11.8258	10.8100	9.9290	9.1609
27	23.5596	20.7069	18.3270	16.3296	14.6430	13.2105	11.9867	10.9352	10.0266	9.2372
28	24.3164	21.2813	18.7641	16.6631	14.8981	13.4062	12.1371	11.0511	10.1161	9.3066
29	25.0658	21.8444	19.1885	16.9837	15.1411	13.5907	12.2777	11.1584	10.1983	9.3696
30	25.8077	22.3965	19.6004	17.2920	15.3725	13.7648	12.4090	11.2578	10.2737	9.4269
35	29.4086	24.9986	21.4872	18.6646	16.3742	14.4982	12.9477	11.6546	10.5668	9.6442
40	32.8347	27.3555	23.1148	19.7928	17.1591	15.0463	13.3317	11.9246	10.7574	9.7791
45	36.0945	29.4902	24.5187	20.7200	17.7741	15.4558	13.6055	12.1084	10.8812	9.8628
50	39.1961	31.4236	25.7298	21.4822	18.2559	15.7619	13.8007	12,2335	10.9617	9.9148
55	42.1472	33.1748	26.7744	22.1086	18.6335	15.9905	13.9399	12.3186	11.0140	9.9471

续附表四

期数	12%	14%	15%	16%	18%	20%	24%	28%	32%	36%
1	0.8929	0.8772	0.8696	0.8621	0.8475	0.8333	0.8065	0.7813	0.7576	0.7353
2	1.6901	1.6467	1.6257	1.6052	1.5656	1.5278	1.4568	1.3916	1.3315	1.2760
3	2.4018	2.3216	2.2832	2.2459	2.1743	2.1065	1.9813	1.8684	1.7663	1.6735
4	3.0373	2.9137	2.8550	2.7982	2.6901	2.5887	2.4043	2.2410	2.0957	1.9658
5	3.6048	3.4331	3.3522	3.2743	3.1272	2.9906	2.7454	2.5320	2.3452	2.1807
6	4.1114	3.8887	3.7845	3.6847	3.4976	3.3255	3.0205	2.7594	2.5342	2.3388
7	4.5638	4.2883	4.1604	4.0386	3.8115	3.6046	3.2423	2.9370	2.6775	2.4550
8	4.9676	4.6389	4.4873	4.3436	4.0776	3.8372	3.4212	3.0758	2.7860	2.5404
9	5.3282	4.9464	4.7716	4.6065	4.3030	4.0310	3.5655	3.1842	2.8681	2.6033
10	5.6502	5.2161	5.0188	4.8332	4.4941	4.1925	3.6819	3.2689	2.9304	2.6495
11	5.9377	5.4527	5.2337	5.0286	4.6560	4.3271	3.7757	3.3351	2.9776	2.6834
12	6.1944	5.6603	5.4206	5.1971	4.7932	4.4392	3.8514	3.3868	3.0133	2.7084
13	6.4235	5.8424	5.5831	5.3423	4.9095	4.5327	3.9124	3.4272	3.0404	2.7268
14	6.6282	6.0021	5.7245	5.4675	5.0081	4.6106	3.9616	3.4587	3.0609	2.7403
15	6.8109	6.1422	5.8474	5.5755	5.0916	4.6755	4.0013	3.4834	3.0764	2.7502
16	6.9740	6.2651	5.9542	5.6685	5.1624	4.7296	4.0333	3.5026	3.0882	2.7575
17	7.1196	6.3729	6.0472	5.7487	5.2223	4.7746	4.0591	3.5177	3.0971	2.7629
18	7.2497	6.4674	6.1280	5.8178	5.2732	4.8122	4.0799	3.5294	3.1039	2.7668
19	7.3658	6.5504	6.1982	5.8775	5.3162	4.8435	4.0967	3.5386	3.1090	2.7697
20	7.4694	6.6231	6.2593	5.9288	5.3527	4.8696	4.1103	3.5458	3.1129	2.7718
21	7.5620	6.6870	6.3125	5.9731	5.3837	4.8913	4.1212	3.5514	3.1158	2.7734
22	7.6446	6.7429	6.3587	6.0113	5.4099	4.9094	4.1300	3.5558	3.1180	2.7746
23	7.7184	6.7921	6.3988	6.0442	5.4321	4.9245	4.1371	3.5592	3.1197	2.7754
24	7.7843	6.8351	6.4338	6.0726	5.4509	4.9371	4.1428	3.5619	3.1210	2.7760
25	7.8431	6.8729	6.4641	6.0971	5.4669	4.9476	4.1474	3.5640	3.1220	2.7765
26	7.8957	6.9061	6.4906	6.1182	5.4804	4.9563	4.1511	3.5656	3.1227	2.7768
27	7.9426	6.9352	6.5135	6.1364	5.4919	4.9636	4.1542	3.5669	3.1233	2.7771
28	7.9844	6.9607	6.5335	6.1520	5.5016	4.9697	4.1566	3.5679	3.1237	2.7773
29	8.0218	6.9830	6.5509	6.1656	5.5098	4.9747	4.1585	3.5687	3.1240	2.7774
30	8.0552	7.0027	6.5660	6.1772	5.5168	4.9789	4.1601	3.5693	3.1242	2.7775
35	8.1755	7.0700	6.6166	6.2153	5.5386	4.9915	4.1644	3.5708	3.1248	2.7777
40	8.2438	7.1050	6.6418	6.2335	5.5482	4.9966	4.1659	3.5712	3.1250	2.7778
45	8.2825	7.1232	6.6543	6.2421	5.5523	4.9986	4.1664	3.5714	3.1250	2.7778
50	8.3045	7.1327	6.6605	6.2463	5.5541	4.9995	4.1666	3.5714	3.1250	2.7778
55	8.3170	7.1376	6.6636	6.2482	5.5549	4.9998	4.1666	3.5714	3.1250	2.7778

注：

计算公式：年金终值系数$=\frac{1-(1+i)^{n}}{i}$，$S=A\frac{1-(1+i)^{n}}{i}$

A为每期等额支付(或收入)的金额；i为报酬率或利率；n为计息期数；S为年金终值或本利和